中青年经济与管理学者文库

本书得到 2019 年度河南省软科学研究计划项目"政府性债务风险防控视角下的政府会计改革与创新研究（项目编号：192400410354）"及河南牧业经济学院科研创新团队建设计划"财务信息披露与鉴证研究团队（项目编号：2018KYTD03）"的资助。

ZHENGFUXING ZHAIWU FENGXIAN SHIJIAO XIA DE
ZHENGFU KUAIJI GAIGE YU CHUANGXIN YANJIU

政府性债务风险视角下的政府会计改革与创新研究

张铠 著

中国财经出版传媒集团
中国财政经济出版社

图书在版编目（CIP）数据

政府性债务风险视角下的政府会计改革与创新研究／张铠著．－－北京：中国财政经济出版社，2020.11

（中青年经济与管理学者文库）

ISBN 978－7－5223－0129－7

Ⅰ.①政… Ⅱ.①张… Ⅲ.①预算会计－经济体制改革－研究 Ⅳ.①F810.6

中国版本图书馆 CIP 数据核字（2020）第 202105 号

责任编辑：武志庆　　　　　　责任印制：党　辉
封面设计：智点创意　　　　　　责任校对：徐艳丽

中国财政经济出版社 出版

URL：http：//www.cfeph.cn

E－mail：cfeph@cfeph.cn

（版权所有　翻印必究）

社址：北京市海淀区阜成路甲 28 号　邮政编码：100142

营销中心电话：010－88191522

天猫网店：中国财政经济出版社旗舰店

网址：https://zgczjjcbs.tmall.com

北京富生印刷厂印刷　各地新华书店经销

成品尺寸：148mm×210mm　32 开　8.25 印张　203 000 字

2020 年 11 月第 1 版　2020 年 11 月北京第 1 次印刷

定价：38.00 元

ISBN 978－7－5223－0129－7

（图书出现印装问题，本社负责调换，电话：010－88190548）

本社质量投诉电话：010－88190744

打击盗版举报热线：010－88191661　QQ：2242791300

策划人语

题记：一个人的精神成长史，取决于他的阅读史。只有阅读能最有效地培养精神生活习惯，而好的习惯又培养性格，性格决定人生。
　　——我们自豪，因为我们就是创造这精神产品的人。

选择了飞翔，总能看到蓝天；选择了远航，总能感受大海。人生不仅要作出选择，也要坚持住自己的选择。学会计、当编辑是我的意外选择。人说编辑是为人作嫁，可是这一选择我坚持了27年，苦在其中，乐在其中，也算是有声有色。每当我把一本本好书呈献给人们的时候，我觉得我是"富贵"的人：富，不是你身上的钱财，而是你心里的满足；贵，不是你地位的显赫，而是你被人需要的程度。

书海探寻，情怀永恒

我要说，做编辑我幸运，因为我不仅是第一个读者，可以对作品"品头论足"，也可以对作品"生杀予夺"；更重要的是，这是一个很高层次的平台，在多年与名家的交往和名著的"对话"中，深深地为他们的人格和才学所感动，被作品的精彩所吸引，这不仅使我"下笔如有神"，更使我的思想和灵魂也受到一次次洗礼和震撼，得到一次次升华。对于我的作者我的书，如数家珍，作者中不乏才学和为人同样过人的多位泰斗和"颜值高责任大"的众多才子佳人；策划的作品不仅立足专业还兼顾人文，也是情怀所在，专业加人文路才会更宽。

多年的体会是，作为一名编辑，起码要"三心二意"，即"责任心、细心、耐心"和"服务意识、创新意识"。要多策划一些有分量的拳头产品，用一个选题推动一个系统工程，用一个系统工程培养一个出版社品牌。给新入职编辑讲座时我做过一个比喻：编辑两项基本功，审稿——甚至要比博导审批学生论文还要全面、细致；选题策划——要像电影导演一样做"星探"，善于发现优秀作者和挖掘好的原创作品。记不得27年来我策划和编辑了多少书，组织和策划了一大批教材、业务培训用书、通俗读物、理论专著等，有的获得过国家、省部级各类奖项，有的以其填补空白、社会热点、风格新颖、开拓尝试等特点受到读者的欢迎。20世纪90年代我开始自主策划选题，多年来每年都有新丛书问世。比如，21世纪初内部控制研究在国内刚兴起时，策划了"现代内部控制丛书"，其中的《企业内部控制管理操作手册》是我鼓励作者将自己饱含心血的经过长期钻研和实践并被证明有效的成果奉献付梓，使更多的人能受益于此，这无疑是对我国内部控制理论探索和实践发展的一种贡献，而内部控制选题至今还是热点。2013年的《来去无尘——一位财政部长的生前事》所展现的吴波精神，与深入推进党风廉政建设相得益彰，得到中央领导同志的高度重视和重要批示。中央各大主流媒体纷纷连续报道，掀起了全社会学习吴波高尚情操的热潮。2014年至今的前沿选题"财务云丛书"等也越来越受到业界认可。

想是问题，做是答案

众所周知，目前的图书出版业在行业竞争和纸质图书受到严重冲击的情况下，出版人无不感到莫大的危机。在这种背景下，策划一套专业图书是颇感困惑的一件事，风险更大。但即使这样我们也不能因噎废食、停滞不前，还要积极应对，继续发挥纸质图书的固有特质，挖掘出版内容和形式都精彩的原创作品，适应新形势下读者的更高需求。2017年，我们接受新的挑战，开启新的征程，又策划了"中青年经济与管理学者文库""当代税收名家丛书""中国税务律师系列丛书""现代管理实务丛书""高等院校应用型会计人才精细化培养系列教材"等，继续为扶持学术研究和总结最新成果，在高端研究与专业知识普及和应用之间搭建一座座有益的桥梁。

每一个时代的经济环境不同，理论研究和实务探索所需要解决的问题也有所差别。当前我国不仅处于经济结构调整和供给侧改革的攻坚期，同时也处于大数据和互联网突飞猛进的变革期，矛盾叠加，风险交汇，市场环境和组织模式不断演变发展、推陈出新，经济、管理、财税等领域的新理论、新思想、新方法、新工具也层出不穷。乱花渐欲迷人眼，击水三千浪几何？这些领域的研究人员被时代赋予了更艰巨的责任，也面临着更高、更多元的要求，我们不仅要具备更广阔的学术视野，而且要有更严谨的学术思维。

输在犹豫，赢在行动

"中青年经济与管理学者文库"的作者，都是我国经济与管理领域的中坚力量,也是未来的大家。他们中有些人潜心从事理论研究,有些人则深耕在实务一线,但无论现实身份如何,视野全都没有被拘泥在"象牙塔"内。他们从不同视角对市场经济的不同要素进行细致审视,然后汇聚于"财经版"这面旗帜之下,相互碰撞,彼此激荡,力求在市场经济转型升级的关键时期留下最新鲜的"中国印记"。

这些经济与管理领域的中青年学者,就是我国市场经济发展的潜力与优势,他们的研究成果,不仅将引领市场经济的各个组成环节向更科学、更先进的方向发展,而且将成为我国政府和企业在未来经济世界扮演更重要角色的支点与动力。祝愿这些中青年学者能攀上更高的学术之山,走向更远的研究之路,也期待宏观、中观、微观各个层面的市场参与者都能从这套文库中得到切实的启发与指引,在全面深化改革、增强发展活力的关键时期,发挥正能量和积极作用,为经济社会发展增添新的动力!

如果您认可,如果您有意愿,欢迎您和您的朋友加盟我们的作者队伍!在中国财经出版传媒集团的"旗舰"下,中国财政经济出版社这"老字号",一定励精图治,谱写新的篇章。我们用"龙的精神,玉的品质"来助力您实现梦想!

策划人:樊清玉
邮箱:qingyuf@ sina. com
2017 年春

前　言

　　自2008年金融危机以来，很多国家经济出现了下滑，一些国家政府采取了大量举借外债来应对经济困境，却导致政府出现了巨大的债务危机。像以希腊、冰岛为代表的国家在2009年就因为巨大的主权债务导致国家破产，这为很多国家敲响了警钟。一些国家为了应对政府性债务风险，开始对政府会计进行改革。2008年的金融危机对我国经济也造成了巨大的冲击，为了应对冲击，我国提出了"4万亿政府投资计划"。各级政府为了与国家的投资计划保持一致，推出了许多地方政府融资平台，地方债务剧增，大大增加了我国政府性债务风险。2006年，《国民经济和社会发展第十一个五年规划纲要》明确提出"要积极推动政府会计改革"，拉开了政府会计改革的序幕。政府会计通过提供有用的会计信息，能够

从一定程度上对政府性债务风险进行防范，但是我国现行的政府会计并没有充分发挥其作用。对政府会计进行改革，使政府会计提供的信息更加有效准确，可以更好地对政府性债务风险进行预测，更好地对政府性债务进行管理，进而对政府性债务风险起到预警和防控作用。

  本书的研究意义在于，从理论意义上看，深化了对政府性债务风险防控研究；通过分析政府性债务风险的影响因素同样是政府会计改革的动因，为政府会计改革提供必要的理论基础；同时拓宽了政府性债务风险防控下的政府会计改革理论研究，为今后政府性债务风险防控与政府会计改革内在联系研究奠定了理论基础。从现实意义上看，本书通过对政府性债务风险与政府会计进行研究，提出了解决政府债务问题的新思路，有利于提高政府债务管理水平，提高政府应对债务风险的能力；将政府债务信息纳入政府会计报告的范畴，有利于提升财政的透明度，可以使社会公众更好地对政府的受托责任履行情况进行监督和评价；此外，政府会计通过提供全面完整的债务信息，有助于银行加强相关风险管理，有助于我国整个金融系统的健康运行。

  本书通过政府性债务风险对政府会计改革进行研究，进一步推进了我国政府会计的改革。通过采用文献研究法和实证分析法，从探讨政府债务管理与政府会计的内在关系入手，分析中国地方政府债务产生的原因及特点，系统分析了我国现行政府会计存在的缺陷及其对政府债务管理产生的影响，同时借鉴国外政府债务管理与政府会计经验。通过实证分析政府性债务风险与政府会计之间的关系，一方面研究政府性债务风险的存在是否从一定程度推动了政府会计改革，另一方面研究通过政府会计改革是否真正降低了政府性债务风险。最后从政府会计体系构建、政府债务会计改革、财务报告体系构建以及政府会计改革保障措施四个方面提出我国政府会计改革的路径优化，通过改革和完善我国政府会计，为实现政府债务管理目标提供所需的全面、可靠、及时的具有更高质量的政府债务信息，更加有效防范政府性债务风险。

本书的主要内容如下：

第1章，绪论。介绍了本书的研究背景，研究的目的，选题的理论与实践意义，介绍了本书的研究方法、研究思路及结构安排，并指出本书的创新之处。

第2章，国内外文献综述。对国内外学者关于政府债务、政府债务风险及其管理、政府会计改革、政府债务管理与政府会计之间的关系等方面的研究成果进行综述。

第3章，政府债务管理与政府会计相关概念以及理论基础。本章对政府债务管理与政府会计的基本理论进行阐述，并对两者的关系进行理论上的探讨与分析，为实践中改革政府会计相关内容以适应政府债务管理需要提供理论支撑。政府债务管理要以政府会计提供的相关数据资料为基础和依据，政府会计管理的对象之一是政府债务，而且政府会计的主要目标之一是为政府债务管理服务，政府债务管理的发展要求政府会计进行相应的变革。

第4章，我国政府债务的基本现状、主要问题以及成因分析。本章对中国政府债务的发展历程进行了追溯，从规模层级、举借主体、资金来源、债务投向等方面对政府债务的现状进行了系统的分析，并根据政府债务的现状总结了现阶段政府债务的特征，最后对政府债务形成的原因进行了深入的分析。

第5章，我国政府会计现状及存在的问题。本章首先对我国政府会计的发展历程进行了回顾，然后基于政府债务的角度对政府会计的现状进行了系统分析，最后对目前政府会计存在的问题进行了总结。

第 6 章，国外政府债务管理与政府会计经验借鉴与启示。本章先对现行的政府会计对债务管理的阻碍进行了分析，然后对美国、澳大利亚、新西兰、英国、巴西、日本这 6 个国家通过政府会计改革加强对债务管理方面的经验进行了梳理，为我国进行政府会计改革提供了借鉴。

第 7 章，政府债务风险与政府会计改革实证研究。通过实证分析的方法，选取 31 个 OECD 成员国 2003—2017 年政府债务压力与政府会计改革相关数据为研究样本，对政府性债务风险与政府会计改革之间的关系进行研究，通过实证研究发现政府性债务风险越高，越有可能推进政府会计改革。又进一步选择我国 2017 年进行政府会计改革试点的 18 个地区和未进行改革的 12 个地区为研究对象，通过实证分析发现实施政府会计改革可以降低政府性债务风险。

第 8 章，我国政府会计改革的路径优化。从政府会计体系构建、政府债务会计改革、财务报告体系构建以及政府会计改革保障措施四个方面提出我国政府会计改革的路径优化，通过改革和完善我国政府会计，为实现政府债务管理目标提供所需的全面、可靠、及时的具有更高质量的政府债务信息，更加有效防范政府性债务风险。

第1章 绪论 …………………………………………… (1)
  1.1 研究背景 ………………………………………… (1)
  1.2 研究目的及意义 ………………………………… (3)
  1.3 研究思路、内容、方法和创新点 ……………… (6)

第2章 国内外研究综述 ……………………………… (11)
  2.1 国外研究综述 …………………………………… (11)
  2.2 国内研究综述 …………………………………… (25)
  2.3 国内外研究述评 ………………………………… (38)

第3章 政府债务管理与政府会计相关概念及理论 …… (39)
  3.1 政府债务管理的相关概念及理论 ……………… (39)
  3.2 政府会计的概念及理论 ………………………… (63)
  3.3 政府债务管理与政府会计的关系 ……………… (75)
  3.4 政府会计改革相关理论基础 …………………… (83)

第 4 章 我国政府债务的基本现状、主要问题及成因分析 ………………………………… (86)
4.1 政府债务的基本现状 …………………………… (86)
4.2 政府债务的特征 ………………………………… (100)
4.3 新常态下地方政府债务存在的主要问题 ……… (112)
4.4 中国地方政府债务的成因分析 ………………… (116)

第 5 章 我国政府会计现状及存在的问题 ………………… (129)
5.1 我国政府会计现状 ……………………………… (129)
5.2 我国现行政府会计存在的问题 ………………… (136)

第 6 章 国外政府债务管理与政府会计经验借鉴与启示 ………………………………………………… (140)
6.1 我国现行政府会计对债务管理的阻碍 ………… (140)
6.2 国外会计改革加强债务管理的经验 …………… (148)
6.3 国际经验带给我们的启示 ……………………… (160)

第 7 章 政府性债务风险与政府会计改革关系的实证研究 ………………………………………………… (164)
7.1 政府性债务风险推动政府会计改革的实证研究 ……………………………………………… (164)
7.2 政府会计改革对政府性债务风险的实证研究 … (169)
7.3 结论与建议 ……………………………………… (173)

第 8 章 我国政府会计改革的路径优化 …………………… (177)
8.1 政府会计规范体系的构建 ……………………… (177)

8.2　我国政府债务会计改革的内容 …………………（181）
　　8.3　我国财务报告体系的构建 ………………………（196）
　　8.4　我国政府会计改革的保障措施 …………………（200）

附录 A　相关准则及政策法规 ………………………（204）
附录 B　相关表格 ……………………………………（225）
参考文献 ………………………………………………（234）

第1章 绪 论

1.1 研究背景

20世纪80年代,许多西方国家出现巨额的财政赤字,政府为了弥补赤字举借了大批量的债务,进而引起政府出现较大的财政方面的压力,为了解决这一系列不良影响许多西方国家开始寻找解决办法,以世界经济合作与发展组织成员国为代表的国家展开了新公共管理运动,将企业绩效管理模式逐步引入政府管理,强调政府的公共受托责任,将权责发生制基础运用到政府会计中,对政府会计进行改革。从1978年改革开放以来,我国经济得到了飞速的发展,伴随着城镇化以及工业化的发展,各项社会事业也蓬勃发展,各级政府为了配合发展进行了大规模的融资,使各级政府债务剧增。目前虽然出台了诸多法律法规控制政府债务，比如《中华人民共和国预算法》规定地方政府财政要保持收支平衡，不允许赤字，不允许发行地方政府债券，除非法律允许；《中华人民共和国担保法》要求所有的国家行政机关不允许对外提供担保，防止出现因为承担代偿责任导致行政经费不足，无法正常地履行行政职能，同时财政部也不允许各级政府对外提供担保；《贷款通则》要求银行不允许发放贷款给国家政府机关。但是，最近几年，各级政府特别是地方政府通过各种方式逃避法律约束，大量举借隐性债务，财政风险日益突出。尤其是2008年金融危机之后，为了应对金融危机带来的影响，国家在11月发布了"4万亿投资计划"。地方政府为了配合国家的投资计划，从2009年开始通过各种融资平台，进行大规模融资行为，政府债务急剧增长，政府债务风险不断提升。通常来说，政府适度的举借债务进行投资，可以有效地促进经济的发展，可以改善公共基础设施以及公共福利，提高政府的服务水平和影响力。但是倘若政府不加节制地举借债务，造成债务量过大，就会造成财政无法正常支付，对国家的财政状况造成不良的影响，最终导致财政风险提升，甚至会造成整个金融市场的动荡。为了更好地掌握政府的债务情况，国家审计署在2013年对6个本级政府的债务进行审计，并发布了公告。截至2013年底，本级政府性债务余额共计38475.81亿元，其中，政府负有偿还责任的债务为18437.10亿元、政府负有担保责任的债务9079.02亿元、其他相关债务10959.69亿元。2013年比2010年增加了4409.81亿元，增速为12.94%。政府性债务危机越来越严重，促使学术界和实务界强烈呼吁对政府会计进行改革以应对政府性债务风险。

　　为了与国际政府会计改革的步伐一致，2006年"十一五"规划纲要中，我国首次提出了要进行政府会计改革。紧接着2011年的"十二五"规划纲要中指出要对政府会计进行进一步的改革，将政府财务会计报告制度逐步引入政府会计中。2013年又进一步明确要完善政府会计制度，进行政府会计改革。在十八届三中全会明确政府会计要采用权责发生制的综合财务报告制度。十八届四中全会为促进政府会计改革，提出尽快对《中华人民共和国会计法》进行完善。2014年修正的《中华人民共和国预算法》明确要求各级政府在年底都需要编制以权责发生制为基础的政府综合财务报告。2015年又发布了《政府财务报告编制办法》《政府综合财务报告编制操作指南》。2016年开始进入实质工作阶段，在全国确定18个省份和2个城市作为试点编制2017年政府财务报告。2017年、2018年继续扩大试点范围。党的十九大报告明确全面实施绩效管理，提出建立全面规范透明、标准科学、约束有力的预算制度。2019年1月1日政府会计改革全面展开，全国全部开始执行新的《政府会计制度》。

1.2 研究目的及意义

1.2.1 研究目的

本书通过政府性债务风险对政府会计改革进行研究，进一步推进了我国政府会计的改革。通过采用文献研究法和实证分析法，从探讨政府债务管理与政府会计的内在关系入手，分析中国地方政府债务产生的原因及特点，系统分析了我国现行政府会计存在的缺陷及其对政府债务管理产生的影响，同时借鉴国外政府债务管理与政府会计经验。通过实证分析政府性债务风险与政府会计之间的关系，一方面研究政府性债务风险的存在是否从一定程度推动了政府会计改革，另一方面研究通过政府会计改革是否真正降低了政府性债务风险。最后从政府会计体系构建、政府债务会计改革、财务报告体系构建以及政府会计改革保障措施四个方面提出我国政府会计改革的路径优化，通过改革和完善我国政府会计，为实现政府债务管理目标提供所需的全面、可靠、及时的具有更高质量的政府债务信息，更加有效防范政府性债务风险。

1.2.2 研究意义

（1）理论意义。

第一，强化了政府性债务风险的研究。本书在目前世界范围内暴发严重的债务危机的背景下，对我国政府性债务风险以及对于政府性债务风险防控的现状进行了深入的分析，发现其特征，剖析政府性债务风险存在的原因，进而发现政府会计体制方面存在的问题，为进一步研究政府性债务风险奠定了基础。

第二，为政府会计改革提供必要的理论基础。由于全球性的债务危机，使各国政府都开始对政府会计进行改革，国内外学者对于政府会计目标、准则以及政府会计信息披露等方面进行了研究，但是关于政府会计改革的理论基础涉及较少，本书通过研究发现政府性债务风险是推动政府会计改革的重要因素，丰富了政府会计改革的理论基础。

第三，进一步拓展了政府性债务风险防控下的政府会计改革理论研究。本书通过文献和实证的研究方法发现，政府性债务风险与政府会计改革之间相互影响，政府性债务风险推动政府会计改革，政府会计改革又可以降低政府性债务风险，为以后研究两者之间的关系提供了理论依据。

（2）现实意义。

第一，从政府会计角度对政府债务管理提出新的思路。国内外学者对于政府债务管理以及政府性债务风险的研究大多集中在政府债务的形成原因、债务类型等方面，并没有学者将政府会计与政府债务管理结合起来进行研究，本书从政府会计的角度，将政府债务管理与政府会计对于债务的确认、计量与披露结合起来进行研究，发现存在的问题，并有针对性地提出意见建议，具有较强的现实意义。

第二，将政府债务信息纳入政府会计报告中，有助于提升财政透明度。随着社会的不断发展，社会公众对于政府财务信息的关注度越来越高，为了使社会公众能更好地了解政府的财务状况，更好地掌握政府的公共受托责任履行情况，政府会计通过改革将政府债务信息纳入政府会计报告中去，将政府债务情况全面完整及时地对公众进行披露，有利于进一步提升财政透明度。

第三，政府会计通过完善政府债务信息，有助于银行进行风险管理，保障金融系统的稳定运行。由于我国地方政府债务的主要来源是银行贷款，但是现行的政府会计体系下，银行并不能全面掌握政府的财务状况，特别是关于政府债务的情况。虽然我国现行的法律法规不允许地方政府举借债务，但是很多地方政府规避了法律的约束，利用各种手段例如通过融资平台等进行债务的举借，而且对于这些债务地方政府通常并没有进行相关的披露，这就造成银行很难掌握地方政府真实的财务状况，无法对政府的还款能力进行判断，不利于风险的管理。政府会计通过改革，可以将政府债务的情况全面及时完整地进行反映，这就可以帮助银行进行风险的管理，对于我国整个金融系统的稳定具有非常重要的作用。

1.3 研究思路、内容、方法和创新点

1.3.1 研究思路

本书的研究思路,从理论的阐述、探讨到政策和实际情况的分析,探索我国政府性债务风险与政府会计的改革实践。具体研究思路如下:

(1) 以政府债务管理与政府会计基本理论以及两者之间的内在关系的理论探讨与分析为出发点。从政府债务产生原因和存在依据为理论分析起点,在阐述政府债务管理与政府会计基本理论的基础上,探讨政府债务管理与政府会计之间的内在关系。通过理论上的探讨与分析得出如下结论:政府适度举债有利于地方财政、经济的稳定与可持续发展;通过债务管理使之维持在适度规模;债务管理需要政府会计提供相关地方政府债务会计信息;完善的政府会计能够提供债务管理所需的会计信息;政府债务管理的发展要求政府会计进行相应的变革与之相适应。

(2) 以我国政府债务现状及其管理现状以及政府会计现状作为深入分析的切入点。对我国政府债务的发展历程进行了追溯,系统地分析了我国政府债务的特征、形成原因以及管理过程中存在的问题,并阐明我国现行政府会计是制约目前政府债务管理的重要因素。在上述研究、分析基础上系统分析了我国现行政府会计存在的缺陷及其对政府债务管理产生的影响。这为对策研究提供了实践情况的支撑,这也是本书研究的实践意义所在。

(3) 以国外政府债务管理与政府会计的理论与实践为借鉴和参考。我国的客观实际要求建立中国的政府会计体系,加强政

府债务管理。而我国在这些方面的实践有限，缺乏经验，需要借鉴国际上先进的经验。鉴于此，笔者对美国、澳大利亚、新西兰等6个国家的政府会计改革实践进行研究，从中得出对我国政府债务管理和政府会计的改革与完善的有益启示。

（4）通过实证分析的方法，对政府性债务风险与政府会计改革之间的关系进行研究。选取31个OECD成员国2003—2017年政府债务压力与政府会计改革相关数据为研究样本，对政府性债务风险与政府会计改革之间的关系进行研究，通过实证研究发现政府性债务风险越高，越有可能推进政府会计改革。又进一步选择我国2017年进行政府会计改革试点的18个地区和未进行改革的12个地区为研究对象，通过实证分析发现实施政府会计改革可以降低政府性债务风险。

（5）通过以上分析，提出我国政府会计改革的路径优化。从政府会计体系构建、政府债务会计改革、财务报告体系构建以及政府会计改革保障措施四个方面提出我国政府会计改革的路径优化，通过改革和完善我国政府会计，为实现政府债务管理目标提供所需的全面、可靠、及时的具有更高质量的政府债务信息，更加有效防范政府性债务风险。

1.3.2 研究内容

第1章，绪论。介绍了本书的研究背景，研究的目的，选题的理论与实践意义，介绍了本书的研究方法、研究思路及结构安排，并指出本书的创新之处。

第2章，国内外研究综述。对国内外学者关于政府债务、政府债务风险及其管理、政府会计改革、政府债务管理与政府会计之间的关系等方面的研究成果进行综述。

第3章，政府债务管理与政府会计相关概念及理论。本章对政府债务管理与政府会计的基本理论进行阐述，并对两者的关系进行理论上的探讨与分析，为实践中改革政府会计中相关内容以适应政府债务管理需要提供理论支撑。政府债务管理要以政府会计提供的相关数据资料为基础和依据，政府会计管理的对象之一是政府债务，而且政府会计的主要目标之一是为政府债务管理服务，政府债务管理的发展要求政府会计进行相应的变革。

第 4 章，我国政府债务的基本现状、主要问题及成因分析。本章对中国政府债务的发展历程进行了追溯，从规模层级、举借主体、资金来源、债务投向等方面对政府债务的现状进行了系统的分析，并根据政府债务的现状总结了现阶段政府债务的特征，最后对政府债务形成的原因进行了深入的分析。

第 5 章，我国政府会计现状及存在的问题。本章首先对我国政府会计的发展历程进行了回顾，然后基于政府债务的角度对政府会计的现状进行了系统分析，最后对目前政府会计存在的问题进行了总结。

第 6 章，国外政府债务管理与政府会计经验借鉴与启示。本章先对现行的政府会计对债务管理的阻碍进行了分析，然后对美国、澳大利亚、新西兰、英国、巴西、日本这 6 个国家通过政府会计改革加强对债务管理方面的经验进行了梳理，为我国进行政府会计改革提供了借鉴。

第 7 章，政府性债务风险与政府会计改革关系的实证研究。通过实证分析的方法，选取 31 个 OECD 成员国 2003—2017 年政府债务压力与政府会计改革相关数据为研究样本，对政府性债务风险与政府会计改革之间的关系进行研究，通过实证研究发现政府性债务风险越高，越有可能推进政府会计改革。又进一步选择我国 2017 年进行政府会计改革试点的 18 个地区和未进行改革的 12 个地区为研究对象，通过实证分析发现实施政府会计改革可以降低政府性债务风险。

第8章，我国政府会计改革的路径优化。从政府会计体系构建、政府债务会计改革、财务报告体系构建以及政府会计改革保障措施4个方面提出我国政府会计改革的路径优化，通过改革和完善我国政府会计，为实现政府债务管理目标提供所需的全面、可靠、及时的具有更高质量的政府债务信息，更加有效防范政府性债务风险。

1.3.3　研究方法

（1）文献研究法。通过对国内外相关文献的阅读、搜集与整理，汇总了关于政府性债务与政府会计改革的大量文献，并对相关文献进行归纳整理，总结了现阶段我国政府会计的研究情况。

（2）定性研究法。采用定性研究的方法在阅读国内外相关文献的基础上，对政府性债务、政府性债务风险以及政府会计的概念进行了界定，并对相关理论进行了总结。

（3）定量研究法。采用定量研究的方法对审计署2013年12月30日公布的《全国政府性债务审计结果》以及截至2014年1月全国公布的政府性债务情况进行统计分析，了解现阶段我国政府性债务的现状。

（4）实证研究法。选取31个OECD成员国2003—2017年政府债务压力与政府会计改革相关数据为研究样本，研究了政府性债务风险对政府会计改革的影响。又进一步选择我国2017年进行政府会计改革试点的18个地区和未进行改革的12个地区为研究对象，研究政府会计改革可对政府性债务风险的作用。

1.3.4　研究创新

（1）研究视角创新。国内外学者目前对政府性债务风险和政府会计改革两个方面的内容都有所研究，但是很少有学者从政府性债务风险视角对我国政府会计改革进行相关研究，本书从政府性债务风险这个角度对政府会计改革进行研究，在研究角度上有所创新。

（2）研究方法创新。之前学者对于政府性债务以及政府会计改革大多采用的是规范研究法，很少有学者采用实证研究法，本书则采用实证的研究方法对政府性债务风险与政府会计改革之间的关系进行分析，并根据实证结果对我国政府会计改革提出意见建议。

第2章 国内外研究综述

2.1 国外研究综述

2.1.1 对政府债务的研究

西方学者关于政府是否可以举借债务,举借债务是否会带来一系列的债务风险等问题进行了长期并且深入的研究,对于政府债务理论在西方总共经历了三个阶段,从公债有害论逐步发展为公债有益论,到最后形成公债负担论。

(1)公债有害论。关于公债有害论最著名的代表人物是经济学家亚当·斯密(1723—1790),他认为政府不应当举借债务。主要原因有以下几个方面:第一,政府通过举借债务会助长统治者的奢侈浪费,而且充足的资金也会引发战争。因为政府如果通过发行债券筹集到了大量资金，就会使统治者产生获取资金非常容易的错觉，导致统治者不珍惜资金，过度浪费，助长其奢侈行为。亚当·斯密认为："一般情况政府在举借债务获得资金的当年，就会把资金进行消耗、浪费，根本不会保留到将来用于生产等其他用途。"① 同时他还认为如果在战争年代，通过发行债券举借债务可以使政府迅速获得充足的战争经费，进而促使战争长期进行下去。第二，政府举借债务这一行为并不是生产性的，对于整个国民经济的发展十分不利。亚当·斯密认为："如果国家举借的债务被用于支付国家产生的费用，那么政府现存的一部分资本，在未来会逐渐遭到破坏；以往用来保障生产性劳动的一部分生产物，将会被用于维持非生产性劳动。"② 他对政府举借公债和税收收入这两种财政形式对于国民经济的影响进行了比较，亚当·斯密认为"只有在战争年代，举借公债的形式才优越于其他形式。"他提出："在战争存续的年代，人民因为饱受战争带来的苦难，会希望战争尽快结束，政府为了满足人民的希望，就会尽早结束战争，不会故意拖延。"③ 因而亚当·斯密极力主张政府采用税收收入获取资金远好于采用举借公债。同时他从经济学的角度分析，政府通过举借公债必然将产业资本改用于非生产性的用途，那么必然会引起现在资本的减少，进而影响再生产的继续进行。第三，政府举借公债会加重国家和人民的负担。政府还债的话，可能会通过提高税赋用于还本付息，这势必会增加人民的负担，

---

① 亚当·斯密. 国民财富的性质和原因的研究（下卷）[M]. 北京：商务印书馆，1983：488.
② 亚当·斯密. 国民财富的性质和原因的研究（下卷）[M]. 北京：商务印书馆，1983：489.
③ 亚当·斯密. 国民财富的性质和原因的研究（下卷）[M]. 北京：商务印书馆，1983：490.

而且提高税赋也会带来效率的损失以及对投资产生抑制的作用。亚当·斯密的公债有害论对于目前我们国家政府债务的管理具有非常重要的指导作用,比如政府发行债券取得的资金应该用于资本性的支出,不能用于消费性的支出;政府在举借债务的时候要注意其使用效率,需要对举借公债的使用情况进行相应的绩效评价。

公债有害论的另一代表人物是大卫·李嘉图(1772—1823),李嘉图认为公债的非生产性用途没有对国民经济的发展产生有利影响,反而还给政府带来了偿还债务的风险。李嘉图还认为,国家减轻债务负担最有效的办法,是尽量节约财政支出,争取有财政结余,并用财政结余去清偿债务。李嘉图指出:"如果偿债基金不是从公共收入超过公共支出的部分中取得的,就不能有效地达到减轻债务的目的。"①

(2)公债有益论。约翰·梅纳德·凯恩斯是公债有益论的著名代表人物。1929—1933年在世界范围内暴发了经济危机,经济危机的出现使人们开始对之前国家不干预经济的理论产生了怀疑,凯恩斯主义得到了人们的认同。凯恩斯提出了与国家不干预经济理论相反的观点,他认为国家可以通过运用财政赤字、举借公债等手段对经济进行干预,从而达到社会总供给与总需求的均衡,以此来应对经济周期的波动。凯恩斯提出:"政府通过举借债务筹集到的资金用于投资各项事业以及用来维持经常性的支出,不管政府举借债务是用于投资事业或者用于弥补预算短缺,投资事业可以增加投资,弥补预算短缺可以增加消费动机。"②他认为社会之所以会出现经济的衰败,主要原因是整个社会缺乏

---

① 大卫·李嘉图. 政治经济学及赋税原理 [M]. 北京:商务印书馆,1976:211.
② 凯恩斯. 就业、利息和货币通论 [M]. 北京:商务印书馆,1981:109.

有效需求，而增加有效需求可以通过政府扩大支出，扩大支出可以利用赤字预算来增加财政支出，而增加财政赤字就可以通过政府举借公债来实现。在凯恩斯主义的影响下，许多国家开始增加举债规模。总体来讲，凯恩斯认为政府举借公债对整个国民经济的发展是有利的，具体表现为以下方面：第一，政府举借公债对社会有利。凯恩斯主义认为政府利用举借到的债务可以用于增加政府支出，从而带动经济发展，增加就业人数，促进社会的不断发展。第二，政府举借公债可以使政府的资产增加。虽然政府借公债使政府产生了债务，但是同时政府利用举债获得的资金购买了诸如公路、基础设施、水利基础设施、电力设施等。第三，政府举借公债并不会对下一代产生较大的负担。债务只是从物质内容上把资源从一种用途转移到另外一种用途，当期资源用途的改变不会对下一代产生负担。第四，政府举借公债是一种将利用债务建设的项目的总支出进行公平分摊的工具。例如，公共基础设施比如高速公路的建设，需要巨大的投资，使用期限较长，建设需要的支出可以由高速公路的使用者分期负担。如果当期财政收入不能实现高速公路建设所需要的资金，政府就可以利用举借公债来获得资金，债务的偿还以及支付的利息则可以由高速公路的受益人以及纳税人分期来负担。

（3）公债负担论。詹姆斯·M.布坎南和佛朗哥·莫迪利亚尼等是公债负担论的著名代表人物，他们并没有简单地认为政府举借公债是有益还是无益，而是提出政府举借公债的作用需要具体情况具体分析，但是他们不赞成公债有益论的"非负担"理论。其中詹姆斯·M.布坎南曾经提出，由于政府举借债务产生的负担并不是由当代人的"牺牲"所负担的，这种负担转移给了下一代。关于公债负担论的主要观点有以下几个方面：第一，政府举借债务产生的负担实际上转移给了下一代。偿还政府债务

第 2 章 国内外研究综述

以及利息，主要是由下一代来承担的。第二，政府举借公债对于整个社会来说既有益处也有弊端，政府举借的债务应该主要用于生产性的支出。政府举借公债存在有其合理性，如果将其运用在合理的地方，能够产生预期的生产力和预期的收益，对整个社会是有利的。比如将公债应用于能够产生长期收益的公共项目，也就是应用于资本项目，不适用于非生产性的消费支出。第三，政府举借的公债与私债在本质上是一致的。举借债务都是获得了当期额外的购买力但是并没有发生额外的当期成本，这些额外的成本被转移到了将来，在以后的期间，债权人拥有获取政府或个人收入的要求权。

到 20 世纪 80 年代，财政赤字政策遭受了反对，社会普遍认为：政府举借债务确实可以应对短期的危机，但是政府利用举借的债务进行的投资效率普遍低下，对于社会经济的持续增长是不利的；另一方面政府举借公债进行各种投资，很容易在社会上形成垄断，对于通过市场竞争实现经济快速增长是不利的；但是公债作为政府的一种宏观调控手段是必要的。

关于政府债务国外学者还研究了政府债务对经济发展的影响。Robert Barro（1979）通过研究发现由于可持续债务的存在，会导致税率的提高，进而导致产出降低，因而他认为政府通过借债长期来看并不能提高经济的增长。Reinhart，Rogoff 和 Savastano（2003）研究发现，随着债务水平的不断上升，风险溢价会快速提升，对于过度依靠短期借债的国家来说，出现金融危机的概率大大提升。Carmen M. Reinhart 和 Kenneth S. Rogoff（2010）选用 44 个国家近 3700 多个样本进行实证研究发现，不管是在发达国家还是发展中国家政府债务与 GDP 增长之间都没有太大关系。而在发展中国家，债务越高，GDP 的增长率越低。在发达国家政府债务和通胀率之间没有显著的关系，而在新兴经济体国家，伴随债务的增加通胀率也会提高。

2.1.2 政府债务风险相关研究

国外学者关于政府债务风险的研究，主要经历了以下五个阶段：

（1）古典经济学派债务风险理论。古典经济学派债务风险理论最著名的代表人物是亚当·斯密和大卫·李嘉图，他们认为由于政府债务的存在会导致产生政府债务风险，长期来看会对经济社会的发展产生不利的影响。但是两人的观点也不尽相同，亚当·斯密（1776）曾经在《国富论》中提出："政府债务并不是由于生产而产生的，债务的角色已经由原来的资本转变为收入，也就是此时的资本是非生产型的劳动，不再是生产型的劳动。"亚当·斯密坚持认为由于政府债务角色转变为非生产性，人民将因此承担更多的税收，从而导致风险升高，也就是说政府举债取得资金的安全性远远小于通过税收方式取得的资金。而大卫·李嘉图虽然也认为政府债务会带来巨大的政府债务风险，但是与亚当·斯密的观点不太一样。不同之处在于他认同政府债务，1817年他在《政治经济学及赋税原理》一书中首次提出了李嘉图等价定理，他认为政府利用税收获得资金的效果与利用政府债务获得资金的效果是相同的。但是政府通过举借债务获得的资金容易造成政府并不清楚真实的经济情况，因而很容易造成大量的浪费，他认为政府举借大量的债务实际上并不会促进经济的发展，相反政府债务会导致政府债务风险，对于整个国家长期发展来说是不利的。大卫·休谟认为政府举借的债务未来在偿还时，主要是通过向穷人征税来还本付息，这会造成社会的贫富差距越来越大，引起社会矛盾的进一步激化。此外，公共债务的发行会引起货币总量的增加，导致生产成本的上升，最终引发通货膨胀，带来风险。

（2）经济危机下的政府债务风险理论。1930年出现的经济危机导致整个经济大衰退，人们开始质疑之前的政府不干预理论，凯恩斯主义由此诞生。凯恩斯主义认为，政府通过发行债务获得资金，一方面可以使社会中的闲散资金得到充分的利用，可以扩大财政支出带来的乘数效应，可以促进经济的增长，创造更多的就业机会，最终实现社会总财富的增加，因而总的来说，凯恩斯认为政府债务可以有效促进经济的增长，债务带来的收益远大于其带来的风险。阿尔文汉森指出相对于政府维持平衡预算，政府通过发行债务对于经济的发展更加有利，政府债务可以带来更多就业机会，进一步促进经济的发展。认为政府发行债务比维持预算平衡更有利于保持经济繁荣，政府通过发行债务可以促进经济增长和充分就业。劳伦斯·R. 克莱因（Lawrence Robert Klein）提出在经济衰退的情况下，政府可以通过增加财政支出来解决生产过剩的问题。他提出政府通过发行债务可以迅速获得资金，通过对20世纪30年代以来政府利用债务收入的情况进行分析，他得出政府性债务可以创造新的就业机会，可以使之前因为经济衰退而失去工作的人重新工作，促进经济的发展，增加整个国民的财富，因此政府性债务对于整个经济体系来说是一种非常重要的内在稳定因素，并不是有害的。

（3）经济滞胀下的政府性债务风险理论。1970年以后，西方经济在政府财政的支持下逐渐渡过了严重的大萧条时期，但是财政支持的结果带来了巨额的政府债务和财政赤字，经济再次出现了滞胀的新问题。随着滞胀问题的不断加重，凯恩斯主义受到了严重的质疑，很多学者开始重新思考政府债务带来的积极作用和政府债务风险带来的消极影响，越来越多的学者认为政府性债务同私人债务的性质一样，都是侵吞了资本的价值。保罗·A.

萨缪尔森（1972）提出政府通过发行债务，在一定程度上对私人资本产生了排挤，从而使社会资本总量减少，导致社会总产出下降，因而政府性债务具有较大的风险。布坎南通过研究发现，如果政府连续多年进行举借债务，偿还债务的压力就会转移给未来，随着债务负担的不断加重，下一代的偿债压力加大，非常容易形成较高的债务风险。马丁·费尔德斯坦利用供给经济学进行研究发现，政府发行的债务导致减少了私人供给，因而降低了总的供给水平，对经济产生了不利的影响。

（4）开放经济下政府性债务风险理论。从20世纪80年代开始，西方国家逐步进入稳定而开放的经济时代，这一时期关于债务风险的研究最著名的代表是约瑟夫·斯蒂格利茨。1987年约瑟夫·斯蒂格利茨对政府利用债务资金的不同情况进行研究发现，不同用途的债务资金决定了债务的性质和程度以及未来的风险，因而政府在决定发行债务的时候，就应该明确债务资金的用途，如果债务资金应用于资产类的项目，那么就可以有效地促进经济的发展，相反如果债务资金应用于政府的消费活动，那么就不会发挥积极的影响，只是加大了政府偿还债务的压力。此外，他对政府债务存在的问题进行研究发现，政府债务实质上并没有影响国内的投资和储蓄。

（5）债务分类和风险防范理论。1990年以来，对于债务分类以及债务风险防范许多学者进行了深入的研究。哈维·罗森认为政府的债务不仅仅局限于会计报表中的债券信息，还应该包含政府承诺在未来支付的其他款项，也就是所谓的"隐性债务"。"隐性债务"的提出对后来学者关于债务分类及风险防范的研究具有非常重要的指导意义。在哈维·罗森研究的基础上，Hana Polackova Brixi（2002）依据政府性债务是否确定划分为：直接显性债务和直接隐性债务，或有显性债务和或有隐性债务，构建出财政风险矩阵，同时提出隐性债务和或有债务可能引起较高的财政风险，要降低政府性债务风险，需要使政府提供的会计信息更加公开透明。美国联邦政府会计准则委员会（GASB）为了降低政府性债务风险，进一步修订和补充了州和地方政府的会计准则和财务报告。Hamilton 和 Flavin（1986）通过对政府的资产和负债之间的关系进行了实证分析，发现必须加强对政府资产和负债的管理，才能有效降低政府性债务风险。

2.1.3 政府债务及其风险管理相关研究

国外学者认为政府债务的存在有其合理性，但是要对其进行控制，加强债务风险的管理。美国学者大卫·N. 海曼就提出当政府为了进行基础设施的建设而举借债务是合理的，因为通常来说基础设施的建设需要巨大的资金投入而且建设周期较长，比如铁路、公路、港口、机场等的建设，这些基础设施在未来很长时间内会为人们提供公共服务，政府通过举借债务的方式将建设成本进行跨时分摊，使获得收益的居民在未来分期去负担建设的成本，也就是说政府将举债资金用于资本项目的支出是合理的，而且对经济社会发展是有利的。海外学者黄佩华提出，政府举债如果是为了进行基础设施建设，那么就符合效率因素，可以促进经济的增长，但是由于建设公共基础设施需要的资金通常较为巨大，为了确保政府举借债务使用的有效，需要采取一定的措施对举借债务以及使用过程进行严格的监督和管理。①

世界银行的汉娜博士最早对于政府债务的构成、分类与财政风险的关系进行了研究，她提出了财政风险矩阵，将政府债务分

---

① 黄佩华/Christine P. W. Wong，迪帕克/Deepak Bhattasli. 中国国家发展与地方财政 [M]. 吴素萍, 王桂娟, 等, 译. 北京: 中信出版社, 2003: 11.

为直接显性债务、直接隐性债务、或有显性债务和或有隐性债务四大类，并且对或有显性债务和或有隐性债务可能对财政产生的风险进行了分析研究。国外一些学者在汉娜博士对于政府债务以及财政风险研究的基础上又进行了深入的分析。William Easterly 和 David Yuravlivker 在 2003 年提出利用资产负债法对政府的财政状况及风险情况进行评估，并提出了两种方法：方法一，通过预测资产负债表中资产与负债差额的正负来判断财政的可持续性。如果差额是正，那么认为财政具有可持续性。如果为负，那么政府则需要通过增加收入减少支出，来确保财政的可持续性。方法二，通过流量来判断政府财政是否具有可持续性。如果政府资产减去负债的差额与国内生产总值的比值为某一常数，那么表明财政具有可持续性。这一方法的原理是当某个国家政府资产减去负债的差额与国内生产总值的比值为某一常数时，那么这个国家的财政目前就不会产生支付的危机，如果资产与负债的差额与国内生产总值同时扩大数倍或者缩小数倍，也不会产生财政危机。也就是说只要维持资产减去负债的差额与国内生产总值的比值恒定，那么就可以避免在未来时间发生支付危机，财政就具有可持续性。William Easterly 和 David Yuravlivker 利用提出的资产负债法对哥伦比亚和委内瑞拉政府的财政可持续性进行判断之后，提出这种方法在运用的时候具有一定的局限性，因为资产负债表里面并没有或有负债和隐性负债，但是或有负债和隐性负债的存在和变动会对财政的可持续性造成影响。

在政府债务中占据重要地位的是地方政府债务，地方政府债务的情况对于整个国家的财政状况都会产生巨大的影响，因此地方政府债务风险管理就显得尤为重要。许多学者都对地方政府债务进行了深入的研究，世界银行高级经济学家马骏提出，地方政府债务管理问题要引起重视，虽然大部分国家规定地方政府不允

第 2 章　国内外研究综述

许向银行借款或者对外发行债券,但是地方政府仍然通过各种方法规避法律的约束。比如利用各种融资平台进行集资,通过提供担保来吸引和扩大投资等,通过这些方法地方政府在短期内可以获得一些收益,但是如果遇到地方的融资平台、担保的企业倒闭等情况,地方政府则需要承担相应的债务,如果地方政府负担不了,那么这些债务就会转移到中央政府。① 因此中央政府需要对地方政府进行严格的监督和管理,即使了解地方政府的财务状况,以及地方政府的各项债务情况,特别关注或有债务和隐性债务。马骏在对地方政府债务进行研究的基础上,提出中央政府要对地方政府的债务进行监管,那么就需要建立一套预警体系来对地方政府的负债情况包括直接债务和隐性债务进行监控和评估。预警体系的指标选取可以利用偿债负担、债务水平,流动性比例等这些作为常用的指标,通过对这些指标的中期预测,来对地方政府的偿债风险进行判断。②

2.1.4　政府会计理论

(1) 对政府会计改革的研究。从 1970 年开始国外学者就开始对政府债务会计进行研究,到 1990 年之后关于政府会计的研究取得了重大进展。世界银行家汉娜博士指出政府目前的债务直接显性债务、直接隐性债务、或有显性债务、或有隐性债务,大部分国家仅仅对直接显性债务这一类债务在政府会计中进行了确认和报告,其他三类债务并没有明确进行确认和报告,为了有效地控制政府债务风险,政府则需要对剩下的三类债务进行及时确

---

① 白海娜,马骏.财政风险管理:新理念与国际经验 [M].梅鸿,译/校,北京:中国财政经济出版社,2003:240.
② 白海娜,马骏.财政风险管理:新理念与国际经验 [M].梅鸿,译/校,北京:中国财政经济出版社,2003:259.

认和报告，这样才能充分了解政府的债务情况，采取相应的措施予以应对。关于政府会计对政府债务风险的控制，许多学者又在汉娜博士研究的基础上进行了深入研究。2001 年亚洲开发银行专家萨尔瓦脱雷·斯基亚沃—坎波和丹尼尔·托马西提出，大部分国家都认为应该改进债务和或有债务的确认与报告制度。改进应当包括以下内容：应当建立起以权责发生制为基础的债务会计、或有债务会计并予以报告；在修正权责发生制会计制度的时候给出一个解释各种债务的框架；在补充注释中对或者债务进行披露等。美国路易斯安纳州立大学 Thomas D. Lynch 教授在 2002 年提出，政府会计对于识别政府债务风险具有非常重要的作用，特别是对于发现政府预算中的债务和支出信息，为进一步识别风险打下基础。[①] Hana Polackova Brixi 和马骏在 2003 年通过整理诸多西方学者的研究成果，提出政府会计在防控政府债务风险中具有极为重要的作用。[②] 美国马里兰大学教授艾伦在汉娜博士财政风险矩阵的研究基础上，提出了财政风险管理的"七条原则"和"四种方法"，尝试对政府会计制度进行改革，他认为在债务风险还未形成前对其进行防范是最佳时期，因此通过对政府会计进行改革，充分发挥政府会计的作用，全面及时地提供政府债务的情况，可以有效地识别风险，并对风险进行控制。世界银行专家 William Easterly 和 David Yuravlivker 提出通过建立一级政府的资产债务表，可以及时准确地对显性债务风险以及隐性债务风险进行披露，这样有助于政府掌握财政的具体情况，保证政府的长期偿债能力。美国哥伦比亚大学 Suresh M. Sundaresan 教授提出

---

① Thomas D Lynch. 美国公共预算 [M]. 北京：经济管理出版社，2002.
② 白海娜，马骏. 财政风险管理：新理念与国际经验 [M]. 梅鸿，译/校. 北京：中国财政经济出版社，2003.

或有债务带来的风险是政府债务风险的主要原因，为了应对风险，政府可以借鉴私营部门的方法，应当把所有债务与资产负债表中的资产对应起来，对资产负债表提供更加透明的会计处理和报告。

从 1980 年以来，大部分的西方国家面对大规模的债务和财政赤字的局面，为了解决债权人、社会大众以及司法机构对政府财政状况的不满，这些西方国家政府开始对政府会计进行改革，目的是希望通过对政府会计改革，充分发挥政府会计的作用，增强会计信息的透明度，有效地识别政府债务风险。在政府会计改革的过程中，大部分国家对政府债务改变了之前的收付实现制核算基础，转变为权责发生制，这样可以更加全面地反映政府债务的情况，更有利于防范政府债务风险。1996 年国际会计师联合会公共部门委员会成立，鉴于许多国家都在开展权责发生制的政府会计改革，为了能够对各国的政府会计改革进行指导和规范，国际会计师联合会公共部门委员会陆续发布了 20 个关于公共部门的会计准则和 1 个研究报告，其中有 4 个准则对债务如何进行确认与报告进行了详细的规定。国际会计师联合会公共部门委员会制定的《国际公共部门会计准则》，为公共部门会计和报告提供全球公认的准则指引，准则第 1 号对政府债务做出了定义。准则第 19 号对预计债务、或有债务和或有资产的含义和内容做了规定，并对预计债务的确认、计量和披露做出具体规范，还要求在会计报表附注中适当披露或有债务、或有资产的情况。

IMF（2001）公布了修订以后的《财政透明度手册》和《财政透明度良好做法守则》，强调各国政府要采用权责发生制对债务进行核算，同时要规范债务风险的评估、确认、报告披露制度，要对引起政府债务风险的各项因素引起重视，尽早地识别和控制债务风险。《财政透明度手册》明确规定各国政府的资产负债表必须全面反映政府的债务情况,并且需要对债务如何进行计量以及所有债务的比较信息进行披露,同时还需要对未经过确认的债务在备忘项目中予以反映。要求各国政府在年度的预算中,对于重大财政风险比如担保、赔偿保证等情况予以详细说明。此外还要求政府对于审计机构关于政府财务真实性的报告向社会公众按时地进行披露。2001年的《政府财政统计手册》对各国政府提出,要以权责发生制为核算基础对政府的所有债务进行核算,并综合运用资产负债表、现金流量表等对政府的财政情况进行全面反映。1990年以来,许多国家都对政府会计进行了改革,逐步实现了由收付实现制的核算基础向权责发生制的核算基础转变,截至2009年,经济合作与发展组织的国家已经有超过一半采用了权责发生制核算基础,越来越多的国家进行政府会计改革。

综合上述国外学者对政府会计改革的研究成果主要集中在以下几个方面:首先,要想尽早地识别政府债务风险并及时地对其控制,需要充分发挥政府会计的作用,通过政府会计全面掌握政府债务的信息。其次,要控制政府债务风险,需要对政府债务和风险进行科学分类,这就要求政府会计需要对各种债务包括直接债务和或有债务进行确认和报告。再次,政府会计采用权责发生制的核算基础才能更好地对政府债务进行确认和报告。最后,防控政府性债务风险还需要建立完善的财务报告体系,同时配套健全的政府会计法律法规。

2.1.5 政府债务管理与政府会计相关研究

Hana Polackova Brixi 博士认为利用政府会计提供的信息可以全面掌握政府的财政信息,这样管理者在进行决策时能够做出较为正确的判断。但是她指出,以收付实现制为核算基础的政府会计并不能全面反映政府的债务情况，比如政府需要承担的已经发生但是尚未进行支付的债务并没有进行反映，这会导致财政风险的进一步积累。马骏认为管理者可以通过政府会计提供的政府债务信息对政府的债务风险进行及早的控制和识别，通过建立预警系统发现债务风险，而预警系统中重要的风险指标都是由政府会计提供的可靠而又全面的财务数据得来的。[①]

2.2 国内研究综述

2.2.1 对政府债务风险的研究

从20世纪90年代末我国开始采取积极的财政政策以来，政府财政赤字的问题不断凸显，政府性债务风险开始引起国内学者的关注，越来越多的学者对政府性债务风险以及政府会计改革进行深入的研究。

郭煜晓（2001）通过研究发现，政府或有负债的存在不管是从短期还是长期来看都会引起风险的增加。短期来看，如果或有负债被确认为负债，就会引起政府的负债在较短时间内急速增长，规模较大的话，很有可能引发金融危机的爆发。长期来看，只要有或有负债，那么就会一直对政府的债务情况产生影响，使政府的财政一直处在不稳定的状态之下。郭琳（2001）通过对债务风险进行研究，把债务风险分为了两大类，分别是内部风险和外部风险。同时她认为由于外部风险受到更多因素的影响，因

---

① 白海娜，马骏. 财政风险管理：新理念与国际经验 [M]. 梅鸿，译/校. 中国财政经济出版社，2003：260.

此相对于内部风险，外部风险具有更高的风险程度。

赵全厚等（2002）在深入研究了各大要素之后，认为由于不同的利益主体，会导致产生风险的主体也不同，因而各个主体需要承担不同的责任，倘若各大主体不能够明确自身需要承担的责任，就会带来风险。如果政府作为风险的主要承担者，那么整个社会的经济发展都会受到巨大的影响。

刘尚希（2002）通过对政府资产存量、收支流量和政府债务进行研究发现，我国的政府债务风险比较难控制，主要是因为现阶段我国财政风险责任的划分模糊，取得利益的主体和承担风险的主体不一致，这会引发道德风险，产生政府借来的债务最终由财政来偿还的结果，使财政风险升高。刘尚希、郭鸿勋（2003）发现，因为政府现有的或有负债存在不确定性，这种不确定性将会使财政风险提升，当这些或有负债被认定为负债时，很大概率会造成财政危机。刘尚希（2004）结合我国现有制度，对财政风险的制度特征进行分析，指出我国许多国有企业由于各种原因造成的亏损最终由政府承担；地方政府在任期内为了实现政绩，通过各种融资平台变相借债，产生的债务风险还是由财政负担；本届政府由于举借债务产生的债务风险转嫁到下届政府负担，风险责任的界定相当模糊，导致我国财政风险出现"风险大锅饭"的情况。

于海峰和崔迪（2010）认为，政府债务可能会产生诸多不利影响，诸如使投资效率低下、影响财政的政策运行、对财政的长期发展产生不良影响、最终可能引发金融危机。他们发现由于中央政府无法实现对地方政府的完全监督，地方政府债务风险预警系统无法发挥应有的作用；许多地方政府投资各种融资平台，形成了大量的或有负债和隐性负债，这些都将引起政府债务风险的提升。

刘尚希（2012）对地方政府在"十二五"期间的债务情况采用实证分析，结果表明尽管这期间地方政府的债务风险处在可控的范围内，但随着隐性债务和或有债务的不断增加，政府性债务风险逐渐提升，如何去降低政府性债务风险显得极其重要。

杨亚军（2013）认为，由于隐性债务和或有负债的增加，我国政府债务规模不断增加，将伴随着政府债务风险，需要引起重视。孙芳城（2013）通过研究发现，现阶段我国政府特别是地方政府承担着大规模的债务，而且还在不断增加，这些债务中很多还是或有债务和隐性债务，债务规模的不断扩大必须引起重视。张同功（2017）根据政府债务的情况，设计了相关模型。利用模型可以对政府债务达到风险预警，他通过模型计算分析，目前我国的债务风险处在不断上升的阶段，现阶段还可以通过采取一些措施进行控制，但是如果一直保持上升状态，在未来就有可能达到失控的情况。

此外，对于如何防范和化解风险，张同功根据研究的情况有针对性地提出了相关的意见建议。对于政府债务风险，特别是金融危机爆发之后，引起了越来越多学者的关注和研究，国内大部分学者对政府债务研究之后都认为随着政府债务规模的不断加大，政府性债务风险近年来在逐渐提升，很多学者对风险产生的原因进行了研究与分析，并根据研究的情况提出了相关的建议。

近几年，我国学者对于地方政府性债务风险的关注度不断提升，且大多数学者都认为这一风险在不断地扩大，并从不同角度对导致这类风险产生的原因以及影响进行了探讨，提出了各项控制措施。

2.2.2 对政府会计改革的研究

(1) 关于我国当前所面临的特殊会计环境问题。李建发(2001) 通过对我国 1997 年进行的预算会计改革的结果进行研究发现,此次预算会计改革虽然开启了预算会计改革,但是并没有实现最初的目标,并不能适应复杂多变的经济环境。因而对政府会计进行改革,我们一方面可以借鉴国际经验,吸取西方发达国家政府会计改革的经验。另一方面我们也可以参考我国企业会计改革的方法,比如对政府会计的核算基础进行改革,吸取企业会计权责发生制核算的优势,结合政府会计进行改革,使政府会计能够全面地反映政府的财务状况,使会计信息使用者更加全面地了解政府的财务状况及运行情况。

冯淑萍(2004)指出,由于我国正处于社会主义发展的初级阶段,市场环境还不够成熟,情况相对复杂而且容易产生变动,因此面临许多特殊的会计环境问题,这对于我国经济的发展产生了不利的影响。对于这些特殊的会计环境问题,我们要足够重视,不管这些问题产生的原因到底是经济发展造成的还是由于我们国家的特殊国情。因为如果这些问题我们不能积极应对和处理,那么将对市场交易的正常运行产生影响,而且还会对社会公众的经济利益产生不利影响。

刘玉廷(2004)认为,由于我国经济的飞速发展,市场竞争也越来越激烈,为了适应经济社会的发展,政府需要改变传统的工作方式,与现代经济相适应的政府会计体系应当被建立,政府的财务管理也要跟上经济发展的步伐,政府的预算需要进行控制,政府的监管体系也需要进一步完善。他提出在复杂多变的市场经济环境下,作为政府应当尽快进行调整,转变职能,对政府内部的机构进行改革,逐步转变为服务型政府。

李建发（2004）提出，政府在财务管理的工作中要加强对政府工作报告的编制，因为一份完善的政府工作报告可以全面地反映政府的财务状况，对于政府会计的发展起到积极的作用，因此政府工作报告在编制的时候要遵循相关法律及相规章制度的约束。

（2）关于中国政府会计的研究。

①政府会计的核算基础。关于政府会计的核算基础，目前国内大部分学者认为，以收付实现制为核算基础的政府会计并不能够完全反映政府所有的债务情况，特别是对于日益增长的或有负债和隐性负债，收付实现制难以对其进行披露，因此需要对政府会计的核算基础进行改革。

邢俊英（2004）提出，在政府的正常运行中，政府会计起到至关重要的作用，因此政府会计需要全面地对政府的财务状况进行反映，将权责发生制应用到政府会计可以对市场风险进行有效的预防。孙芳城（2006）通过研究提出，现阶段我国政府债务会计利用收付实现制的核算基础，并不能全面提供政府债务信息，比如对于债务规模、到期利息、债务预测等信息无法提供。因此他提出需要对政府会计进行改革，由原来的收付实现制转变为权责发生制，在过渡阶段可以对收付实现制进行改进，比如把本金核算和利息核算分离开，转贷对象分开等方法。徐镇绥（2006）通过对不同制度进行对比以及深入分析，他认为收付实现制确实不能很好地反映政府的债务情况，需要对其进行改革，但是在改革时需要循序渐进，逐步引入权责发生制，要控制好改革的进度和过程。贝洪俊（2007）认为许多地方政府一味地追求政绩，在较短的时间内举借了大量的债务，为了有效避免这种情况的发生，需要对政府会计的核算基础进行改革。石英华（2007）提出，对政府会计进行改革，需要逐步引入权责发生制,对其内涵和外延进行明确,逐渐建立起以权责发生制为基础的综合政府会计体系。傅雁语(2008)提出,由于以收付实现制为会计核算基础的政府会计不能全面地对政府的债务情况进行反映,只能对已经收到现金的直接显性负债进行核算,而对于直接隐性负债以及或有负债却不能有效地核算,因此需要对政府会计进行改革,改变其核算基础。王芳(2009)认为,目前我国实行的政府会计对于债务信息的披露情况不能满足主权信用评级的需要,因此政府会计需要增大债务的核算范围,利用权责发生制对或有负债以及隐性负债进行反映。张轶琼(2010)提出,以收付实现制为会计核算基础的政府会计体系存在诸多的问题,未来政府会计的改革会转变以权责发生制为核算基础的政府会计体系。刘光忠(2010)通过对西方发达国家政府会计以及我国企业会计进行研究提出,根据我国政府会计的具体情况,政府会计在进行改革时,既要保留预算会计的功能,同时也需要保留财务会计的功能,预算会计采用收付实现制,财务会计采用权责发生制,也就是采用双系统双功能,更好地反映政府会计信息。马明明(2010)以希腊政府的债务危机为案例进行分析,发现希腊政府之所以出现债务危机的原因是,第一收付实现制不能全面地反映政府所有的债务情况,第二在财务报告中巨额的隐性债务并没有进行披露。因此他提出我国政府会计在改革的时候需要转变会计核算基础同时加强对政府隐性债务的披露。刘光忠(2010)认为,随着经济社会的不断发展,我国的政府会计需要进行改革来配合经济社会的发展。现阶段政府会计改革已经展开,我国在对政府会计进行改革的过程中应当吸取国外政府会计改革的经验,但是不能完全照搬,要结合我国自身的情况进行改革。他认为政府会计改革最主要要从以下两个方面进行:第一,政府会计改革要将之前的预算管理与财务管理相结合,对我国的政府会计制度不断完善，建立起相对应的政府会计体系；第二，把权责发生制的核算基础与财务管理结合起来并引入政府会计中，同时对政府综合财务报告的编制要进行相应的监管。吴昊华等（2013）通过研究发现，由于现阶段我国政府会计采用的核算方法，并不能对政府财务的全部情况进行有效的反映，造成政府不能有效发挥一些职能，如果政府债务风险全面暴发，那么政府将会非常被动，很有可能无法控制局面。杨亚军（2013）提出，关于建立以及完善政府会计系统的建议，他提出要想建立完善的政府会计体系，首先需要全面掌握政府的债务情况，然后从财务设定、会计处理等方面展开全面的改革，同时根据实际的情况采用权责发生制，更好地实现对风险的识别与控制。李定清（2014）认为，随着经济社会的不断发展，政府会计需要进行变革更好地为政府服务，政府会计的核算基础从收付实现制转变为权责发生制是趋势，但是政府会计的改革不能一蹴而就，需要循序渐进，只有各方面条件都准备充分才能够促进改革的顺利进行。娄洪（2015）通过对国外进行政府会计改革的国家的情况进行研究，发现欧洲国家之所以暴发经济危机，最主要的根源在于政府的财务管理体系不够完善，为了有效地防范政府性债务风险，政府会计改革应当引进权责发生制的核算基础。路军伟和于国旺（2015）对政府会计改革过程中遇到的问题进行了研究，发现影响政府会计改革的主要原因是"双轨制"。"双轨制"要求政府会计在核算的过程中兼顾预算与财务，一方面要在既定的预算范围内完成相关任务，另一方面又要遵循财务的相关原则，但是在实行的过程中预算和财务的发展往往达不到均衡。崔学刚（2015）对政府会计改革研讨会的内容进行了分析，明确了现阶段我国政府会计的整体情况，发现改革过程中遇到的一些问题，针对这些问题，他提出在新的时代背景下，为了更好地发挥政府的职能，政府应做到简政放权，必须对政府会计进行深入的改革。

综上所述，国内学者对政府会计进行了大量而且深入的研究，学者们一致认为随着经济社会的不断发展，迫切需要对政府会计进行改革，对于会计核算基础从收付实现制转变为权责发生制是政府会计改革的趋势。

②把政府债务会计作为控制政府债务风险的有力工具。邢俊英（2004）提出，为了降低政府性债务风险，可以将谨慎性会计原则和权责发生制应用到政府会计中，使之前一些隐性债务和或有债务反映出来，可以使政府会计起到有效的预警作用。邢俊英（2007）认为，政府会计与政府债务风险相互之间存在影响，一方面通过政府会计提供的信息可以有效识别政府性债务风险，但是政府会计能否提供关于负债有用的信息，与政府的决策者对于政府性债务风险的评判与认识密切相关，政府会计的会计信息质量直接决定债务风险的控制。另一方面政府性债务风险的控制也会对政府会计产生影响。杨成文等（2007）认为，由于我国现阶段所采用的政府会计是预算会计，导致不能对于所有的债务情况比如隐性债务及或有债务进行全面反映，这就造成了政府性债务风险的增加。针对这一问题，他提出为了有效地防范风险，需要对政府性债务进行严格的核算，比如通过对政府债务进行相应的监管，提升会计信息的透明度等方法。李务刚（2008）提出，利用财政总预算会计来对政府性债务风险进行控制，通过财政总预算会计对举债规模进行监管和控制，建立政府债务风险预警系统，详细反映政府债务的情况。孙芳城（2010）提出，我国现阶段政府会计采用的是收付实现制的核算基础，对于大量存在的隐性债务及或有债务不能有效进行反映，因此现行的政府会计不能全面反映政府的债务情况，不能有效防范政府性债务风

险，他提出要对政府会计进行改革，可以对核算基础、对信息披露制度等方面进行改革，逐步建立较为系统和完善的债务会计制度，有效防范和控制政府性债务风险。李松涛等（2010）认为，现阶段政府会计的核算基础存在诸多问题，他提出可以在会计体系中引入内部控制制度来解决这些问题。肖鹏（2010）通过对现阶段我国政府会计进行研究，发现预算会计制度存在许多缺陷，由于采用的核算基础导致其无法对一些关键的债务信息进行反映，这导致政府性债务风险增加。张敏（2012）提出，现阶段政府的或有负债规模巨大，为了有效防范政府性债务风险，必须对或有负债的情况进行全面详细地披露，否则会加大政府性债务风险。殷红等（2012）通过对国内外学者关于政府债务的问题进行总结和分析，提出政府性债务风险对于国家非常重要。张渊等（2012）认为，在对政府会计进行改革时，为了有效防范风险，可以改变之前的思路，采用多种分析方式相结合。李朝阳等（2012）对国内外的政府性债务危机进行研究，发现现阶段预算会计体系存在诸多的问题，这些问题不利于政府性债务风险的有效防范，因此需要进行改革，建立健全的政府会计体系。杨亚军（2013）通过研究提出，政府会计改革不仅要能够反映政府的直接债务，而且要能够反映隐性债务和或有债务，要想全面对政府的债务情况进行反映，需要将权责发生制应用到政府会计中，这样可以有效降低政府性债务风险，可以使信息使用者更好地了解政府的债务情况，可以为政府以及信息使用者做出决策提供建议。陈静等（2013）通过研究发现，对政府会计进行改革的目的最主要的是充分发挥政府会计的作用，使政府能够尽早地发现政府性债务风险，更好地承担相应责任，因此政府会计改革要特别注重对债务情况的反映，提高政府债务信息的透明度。欧阳宗书等（2013）认为，为了有效防范政府性债务风险，政府会计改革需要在权责发生制的基础上构建相关准则，同时要强化对政府性债务的管理。赵建国等（2013）认为，为了有效防范政府性债务风险，需要对政府会计进行改革，但是改革的过程中各方面因素都需要考虑全面，比如技术方面、人才方面等的因素。路军伟（2015）通过对我国的政府会计环境进行研究，认为最佳的政府会计模式是既保留了财务会计的功能又同时保留了预算会计的功能，在预算会计下采用收付实现制，在财务会计下采用权责发生制，两者相互作用，可以有效降低政府性债务风险。张琦（2015）认为，由于经济的下行，政府为了刺激经济，大量举借政府债务，这造成了政府性债务风险的提升，为了对政府性债务风险进行有效的防范和控制，需要对政府会计进行改革，目的是通过政府会计改革，使政府会计充分发挥作用，全面反映政府的财务状况。

③政府债务会计核算科目不够完整。傅雁语（2008）提出，现阶段我国政府会计中关于债务核算的科目只有"借入款""暂存款""与上级往来"，而这些科目只能对直接显性债务进行反映，而对于大量的需要在以后负担的隐性债务以及或有债务并不能反映出来。这就造成政府债务的实际情况不能被很好地反映出来，引发政府性债务风险。徐晶晶（2010）提出，我国政府会计关于债务情况的核算存在诸多问题，比如核算债务的会计科目缺乏具体的明细科目，对债务的情况记录不够完整，信息披露的不够全面等，因此她认为需要对政府会计进行改革，可以逐步引入权责发生制，对政府债务会计报告进行规范，同时为了更好地对债务进行核算披露，可以通过建立政府债务管理信息系统、强化政府会计人员的专业素质等方式进行改革。

④政府债务信息质量要求及披露问题。王芳（2009）通过研究发现，由于我国政府会计提供的债务信息不能全面反映政府

债务的实际情况，因而无法满足我国政府主权信用评级的需要，因此对我国在国际资本市场的融资能力以及融资成本产生了不利的影响。要想改变这种情况，就需要从根本上对政府会计进行改革，通过增大政府债务的核算范围，采用权责发生制的核算基础对债务进行核算，重视谨慎性原则的运用，对所有的债务包括隐性负债及或有负债进行详细的披露，并对政府财务报告进行进一步的规范。王瑶（2009）提出，政府会计通过对政府债务信息的披露可以帮助债务管理者进行正确的决策，债务管理者可以通过市场机制以较低的成本进行公共资金的筹集。罗欣（2013）认为，政府要全面掌握债务情况，及时偿还债务，那么首先需要提高政府会计信息地透明度，通过建立以需求为导向的政府会计信息披露制度，健全信息披露制度框架，更好地披露债务信息。陈璇（2016）提出，为了使政府履职达到更高的透明度，政府应当及时编制政府财务报告并对社会公众进行披露。

⑤政府会计应揭示政府预计债务、或有债务、隐性债务等状况。现阶段我国的政府会计对于除了直接显性债务的其他一些债务信息并没有进行相关的确认、计量、记录和报告。对于预计债务的核算，财政部会计准则委员会（2005）明确提出，要对预计债务进行持续性评价，来判断经济利益是否流出，是否需要在财务报表上进行相应地确认。对于或有债务的核算，王瑶（2009）提出，一个转型国家的重要表现就是或有隐性负债的规模远大于或有显性债务，目前国际上普遍的做法是对于或有显性负债中能够合理估计发生时间和金额的确认为负债，不能合理估计的暂不确认，但需要在报表附注中作为或有负债进行披露，但是现阶段还没有国家能够做到对或有负债进行全面详细的披露。对于隐性债务的核算，王瑶（2009）提出，虽然在法律并没有规定政府必须承担隐性债务，但是政府迫于政治压力及公众预期

需要承担偿债责任，而这些隐性债务是导致政府性债务风险的关键因素。

2.2.3 对政府债务管理与政府会计改革关系的研究

20世纪80年代很多西方国家为了摆脱巨额负债和财政赤字，开始对政府会计进行改革，为了降低政府性债务风险，许多国家逐渐将权责发生制应用到政府会计中，更加全面地反映政府会计信息，使信息使用者更加准确地理解政府会计信息。国内学者受到这一现象的启发，研究发现这些国家之所以进行政府会计改革的根本原因在于没有改革之前的政府会计可能隐藏一些政府债务，这些隐藏的政府债务可能引起财政风险。在欧洲债务危机爆发之后，越来越多的学者意识到政府会计是提供债务信息的重要工具，防范财政风险，政府会计改革势在必行。

刘光忠（2002）认为，当务之急应当建设相对完善的政府会计体系，政府会计既能够对所拥有的资产进行全面的反映，更重要的是能够对政府应当承担的各项债务，不仅包括直接债务还包括隐性债务和或有债务，进行全面准确地反映，只有这样才能有效地防范政府性债务风险。邢俊英（2004）研究发现，现阶段财政总预算会计并不能有效地防范政府财政在负债方面的风险，比如目前财政负债核算的范围不广泛，许多隐性债务及或有债务并没有被完全披露出来，财政负债信息存在披露不真实、不准确的现象，使政府会计不能很好地预防政府债务风险。刘星与刘谊（2006）通过研究发现，为了有效防范政府性债务风险，需要对我国现行的政府会计制度进行改革，使政府会计能够提供更加全面的债务信息，充分发挥政府会计的预警作用，实现对政府债务风险的有效识别，进而可以更好地控制政府性债务风险。李秀玉、李朝阳（2012）通过借鉴美国的债务危机对政府会计改革的影响，认为我国现阶段的政府债务反映不全面、不准确的情况存在潜在的债务风险，要对政府性债务风险进行防范，需要对政府会计进行改革。杨亚军（2013）研究发现，许多欧洲国家诸如爱尔兰、意大利等国家之所以爆发债务危机最主要的原因是这些国家的政府会计并没有有效发挥预警作用，提供的会计信息没有对政府产生警示作用，导致债务风险剧增，进而引发严重的债务危机。余应敏（2014）通过研究认为，全面准确地反映政府的债务情况是政府会计改革最主要的目标之一，因为有效而且高质量的会计信息通过提供债务情况，可以使政府对债务的风险进行控制，进而有效防范政府性债务风险。王鑫和戚艳霞（2015）在政府会计改革的背景下，为了解决我国政府债务管理的现实需求，达到政府财务管理和预算管理的双功能，更好地对债务信息进行披露，他们对我国现阶段的政府债务会计核算体系、核算制度以及报告制度进行具体的分析，发现存在的问题并有针对性地提出具体的解决方法。

国内学者对于政府会计与政府性债务风险的研究，主要的研究结果为：第一，欧洲债务危机爆发的根源在于政府会计采用了收付实现制；第二，政府会计可以有效防范政府性债务风险，但是我国目前的政府会计并没有很好发挥作用，不能很好地对可能发生的风险起到预警作用，提出相应的意见建议。本书在国内学者研究的基础上，重点对目前我国政府债务的现状进行分析，发现存在的问题，并根据政府债务的实际情况，为推动政府会计改革提供意见建议。

综上所述，国内学者通过对政府债务风险与政府会计的研究发现：欧洲之所以爆发债务危机的根本原因是由于收付实现制的政府会计并不能有效地预防政府性债务风险，造成了财政风险引发了债务危机；作为防控政府债务风险的重要工具的政府会计，我国现阶段的政府会计并不能有效地发挥应有的作用，不能有效准确地提供政府债务信息，因而不能有效防控政府债务风险，进而提出了政府会计改革的意见建议。

2.3 国内外研究述评

综合国内外学者的研究，政府会计是政府公共受托责任的重要体现，由于收付实现制的核算基本不能全面反映所有的资产和债务情况，特别是大量隐性债务和或有债务的存在，造成巨大的债务风险，由于政府的公共受托责任履行情况不能够使公众满意，推动了政府会计的改革。国内外学者对政府债务及地方政府债务产生的原因从理论和实践的角度都进行了探讨，还有不少学者对政府会计有关政府债务的会计方面的理论和实践进行了分析研究，取得了相当多的研究成果，这都是本书研究的基础。但从现有文献看，以往学者侧重于理论论证政府性债务风险和政府会计改革的关系，对于政府性债务风险防控下的政府会计改革没有形成完整的研究体系，也没有对政府性债务风险防控与政府会计改革相关性进行全面分析，采用实证分析政府会计改革的文献更是少之又少。为有效防控政府性债务风险，本书认为有必要立足现状，结合政府债务的现状以及政府会计改革的现状，对两者之间的关系进行深入的分析，有针对性地提出政府会计改革的建议。

第3章 政府债务管理与政府会计相关概念及理论

3.1 政府债务管理的相关概念及理论

3.1.1 政府性债务的界定

（1）债务。在社会发展的过程中，由于私有制的出现，导致了债务随之产生，随着经济社会的不断发展，债务也出现了各种不同的形式和内容。对于债务的界定，《中华人民共和国民法通则》第八十四条规定："根据法律的规定或者合同的约定，债务是在当事人之间产生的特定权利和义务关系。债权人享有相应的权利，债务人履行相应的义务。债权人有权要求债务人按照法律的规定或者合同的约定去履行相应的义务。"从法律条款中可以看出，在整个债务关系中，债权人是享有权利的一方，债权人享有的权利称为债权；债务人是承担义务的一方，债务人承担的义务称为债务。从法律上来说，债务是由于既定的合同或者法律规定产生的，因此债权人的权利受法律保护，债权人可以要求债务人按照法律的规定或者合同的约定履行义务。

（2）政府债务。通常来说，政府债务指的是政府作为债务人，需要承担相应的义务。在现代社会，政府与其他的债务主体相比，具有特殊性，政府具有双重主体身份，一方面是经济主体，另一方面也是公共主体①，那么与之相适应，政府债务也分为经济视角下的政府债务和社会视角下的政府债务。

①经济视角下的政府债务。与其他债务主体一样，政府作为经济主体当与债权人发生债权债务关系的话，政府也需要按照法律的规定或者合同的约定去履行相应的义务。国际会计师联合会公共部门委员会在其发布的《公共部门会计准则——财务报告的列报》中对政府债务定义为："政府债务是指政府由于过去的事项引起的现时义务，履行该义务会导致政府经济利益或者服务的流出。" 2006年美国的联邦政府会计准则咨询委员会发布的联邦政府负债的会计核算准则公告中将政府负债定义为："政府债务指的是政府由于过去的交易或者事项导致的，很可能在未来产生资源的流出或者其他的牺牲。"根据以上内容，可以看出政府债务具有下面几个特征：第一，政府债务一定是政府由于过去的事项或者交易而形成的，这里强调只有过去发生的交易或者事项才形成债务，政府预计在未来可能发生的交易或者事项形成的，

---

① 刘尚希. 财政风险及其防范问题研究 [M]. 北京：经济科学出版社，2004：16.

第3章　政府债务管理与政府会计相关概念及理论

则不属于政府债务。第二，政府债务一定是政府承担的现时义务。这里的义务与企业会计里有所不同，它既可以是法定的义务也可以使推定的义务。法定义务指的是具有强制性的必须履行的义务，而推定义务指的是政府因为对社会进行公开的承诺或者公开宣布政策导致政府需要承担的责任。第三，承担相应地义务很可能会导致政府资源的流出。这里的政府资源可以是经济资源，也可以是政府提供的服务。很可能流出，指的是流出的可能性非常大，同时能够对流出的资源进行可靠的计量，只有这样才能够予以确认。

②社会视角下的政府债务。在社会视角下，政府作为公共主体，不仅需要承担法定的义务与责任，而且还需要承担推定的义务，推定的义务指的是社会公众认定的责任和义务，这种义务虽然没有法律和合同的约束，但是需要政府以社会道义的形式去履行责任，比如社会保障方面出现支出问题时，政府为了维持社会的安定，需要去承担这部分支出责任。因此，与经济视角下的政府债务相比较的话，社会视角下的政府债务的内涵及包括的内容要更为广泛。通常把社会视角下的政府债务称为广义的政府债务，把经济视角下的政府债务称为狭义的政府债务，本书所研究的是社会视角下的政府债务，也就是广义的政府债务。

此外，与政府债务概念相关的还有"公共债务""财政债务""公债""国债"等概念，它们其实都与政府债务相关联。我们先来看"公共债务"，"公共债务"通常指的是具有公共性质的单位及机构承担的债务，不仅包含中央政府发行的国债，还包括地方各级政府通过各种渠道举借的债务，以及政府所属的行政机关及独资机构承担的债务，即与政府相关的所有债务都属于公共债务，因此公共债务也就是政府债务。张馨（2004）提出，公共债务指的是以政府债务为核心的，凡是与政府相关联的单位、机构及团体乃至企业所举借的债务和欠款，也就是说公共债务不仅包括政府举借的债务，与政府相关联的债务也包含在内。[①] 刘尚希（2004）提出，"政府债务指的是所有政府需要承担支付责任的债务。"[②] 同时他认为："财政债务指的是所有财政需要承担支付责任的债务，本质上政府债务全部都是财政债务，因为政府承担的所有债务最终都是由财政来负担的"。张通等（2005）提出："财政债务有广义上的和狭义上的，狭义的财政债务指的仅仅是财政部门以财政的名义举借的债务及发现的债券，广义的财政债务指的是所有的政府机关、事业单位以及其他组织，利用国内或者境外，通过发行国债以及直接或者间接举借的债务、或有债务，而偿还这些债务则需要以财政收入为主要的还款来源。""公债"通常认为是公共债务的简称，也就是政府债务，包括中央政府债务和地方政府债务两个方面。"国债"同样也有广义和狭义之分，广义的国债指的是政府的债务，狭义的国债指的仅仅是中央政府发行的债券。

3.1.2 政府债务分类

按照不同的分类标准，政府债务的分类有多种分类方法，本书对于政府债务的分类参考的是世界银行的经济学家汉娜在1998年提出的较为权威的财务风险矩阵，以此来对政府债务进行分类，根据直接与间接、显性与隐性这两类标准，将政府债务划分为四类：直接显性债务、直接隐性债务、或有显性债务和或有隐性债务，具体情况见表3-1所示。

---

① 张馨. 透视中国公共债务问题现状判断与风险化解 [M]. 北京：中国财政经济出版社，2004：8.

② 刘尚希. 财政风险及其防范问题研究 [M]. 北京：经济科学出版社，2004：51.

第3章 政府债务管理与政府会计相关概念及理论

表 3-1　　　　　　　　　　财政风险矩阵

政府债务	直接债务 （在任何条件下存在的债务）	或有债务 （在特定情况下发生的债务）
显性债务（有法律和合约确认的政府负债）	1. 国家债务（中央政府借债和发行的债券） 2. 预算涵盖的开支（非随意性支出） 3. 法律规定的长期性支出（公务员工资和养老金）	1. 国家对非主权借款、地方政府、公共部门和私人部门实体（发行银行）的债务担保 2. 国家对各种贷款（抵押贷款、学生贷款、农业贷款和小企业贷款）的保护性担保 3. 国家对贸易和汇率的承诺担保 4. 国家对私人投资的担保 5. 国家保险体系（存款保险、私人养老基金收入、农作物保险、洪灾保险、战争风险保险）
隐性债务（反映公众和利益集团压力的政府道义责任）	1. 未来公共养老金（与公务员养老金相对的） 2. 社会保障计划，如果不是由法律做出的硬性规定 3. 未来保健融资计划，如果不是由法律做出的硬性的规定 4. 公共投资项目的未来日常维护成本	1. 地方政府或公共实体、私营实体非担保债务（义务）的违约 2. 银行破产（超出政府保险以外的救助） 3. 实行私有化的实体债务的清偿 4. 非担保养老基金、就业基金或社会保障基金（对小投资者的保护）的破产 5. 中央银行可能的负净值或对所承担义务（外汇合约、货币保护、国际收支差额）不能履行 6. 其他紧急财政援助（如在使人资本外逃的情况下） 7. 改善环境、灾害救济、军事拨款

资料来源：Hana Polackova Brixi and Allen Schick（2002）。

表 3-1 所示的财政风险矩阵，其实质是政府债务矩阵，其中的政府债务是广义的政府债务。世界银行和国际货币基金组织研究财政风险问题的专家汉娜（Hana Polackova Brix）博士将政

府债务从两个维度分析地方政府债务的构成：一是基于确定性标准，即债务是否可预见，划分为直接债务和或有债务。直接债务是不依附任何事件，在任何条件下都必然发生的、可预先确定的债务；或有债务是只有在特定的条件被触发才有可能产生的债务，具有不确定性。二是基于法律规制标准，即是否具有法律效力，划分为显性债务和隐性债务。显性债务是地方政府负有法律责任，按照约定需还本付息的债务，主要通过法律或契约形式确认；隐性负债是指缘于公众和利益集团的诉求，地方政府负有道义责任的债务，一般不受法律或合约的约束。

考虑不同债务形式之间的交叉和重叠，汉娜在其财政风险矩阵中，将政府负债划分为直接显性负债（Direct Explicit Liability）、或有显性负债（Contingent Explicit Liability）、直接隐性负债（DiretImplicit Liability）和或有隐性负债（Contingent Implicit Liabiliy）4类。其中，直接显性负债是由特定法律或和约规定的，在任何情况下都确定地会产生的政府义务，例如，政府的各种借款，在任何情况下，它都由合约规定了政府必然有偿还义务；或有显性负债是由特定法律或合约规定的，有可能发生的某一具体事件而触发的政府义务，如政府提供担保的债务，它由法律规定在被担保债务人到期无法清偿债务时，政府有义务清偿；直接隐性负债是法律或合约并未规定，是基于公众的期望、政治压力或社会对政府责任的理解而确立的，在任何情况下都确定地会产生的政府义务，如政府对社会保障基金的支付义务等，并没有法律或合约制约政府，但公众会将其理解为政府应尽义务，这种期望会迫使政府必须承担义务；或有隐性负债是法律或合约并未规定，而基于公众的期望、政治压力或社会对政府责任的理解而确立的一种不确定性义务，如政府对自然灾害的赈灾义务等。当然，这4种政府债务不是截然分开的，在一定的条件下可能相互转化。值得注意的是，传统的财政预算只将直接显性债务纳入财政预算中，其余3种政府负债由于具有隐蔽性，一直是传统监控体系中的薄弱环节。"财政风险矩阵"为衡量政府负债规模提供了一个更加全面的分析框架，引起各国关注隐性与或有债务风险问题。

3.1.3 政府债务存在的依据

由于受经济危机的影响，为了刺激经济的发展，我国政府举借了大量的债务，债务规模越来越大，政府性债务风险也随之增加，因此需要对政府债务进行管理，想要对政府债务进行很好的管理，我们必须先来了解政府债务的产生、发展历程及其具体的功能。

（1）政府债务理论的发展历程。政府债务理论的发展已经有200多年，那么大概经历了4个阶段，分别是公债有害论、政府债务有益论、政府债务负担论和近期政府债务理论。下面我们具体来看这4个阶段：

第一个阶段是1930年以前的公债有害论。在1930年以前，大部分学者提倡公债有害论，他们认为应当让市场自由发展，国家不应该进行干预，认为政府举借债务对国家发展是有害的，会对国民经济的发展产生不利的影响。公债有害论最著名的代表是亚当·斯密，他对政府举借债务持反对态度，他认为政府举借债务容易造成统治者认为筹资较为容易，因而不会养成节俭的习惯，反而容易造成其进行奢侈的行为，而且使统治者误认为资金充足，进而助长其发动战争。[1] 他还提出由于公债是非生产性

---

[1] 亚当·斯密. 国民财富的性质和原因的研究（下卷）[M]. 北京：商务印书馆，1983：489.

的，因此不利于国民经济的发展，而且由于政府举借了债务，未来偿还本金和利息主要还是依靠提高税率，这势必会增加人民的负担，造成人民对政府的不满①。另一个代表人物是李嘉图，他对公债也持反对态度，他提出由于公债是非生产性的，因此会对国民经济的发展产生不利的影响，而且还会带来政府性债务风险。在1920年以前，由于社会的总体环境是没有闲置的资金或者即使有量也很少，政府举借来的债务资金主要用于非生产性支出，因此在这样的大环境下，对政府举借债务持反对态度有一定的合理性。

第二个阶段是经济危机之下产生的政府债务有益论。1930年出现的经济危机导致整个经济大衰退，人们开始质疑之前的政府不干预理论，希望政府通过对经济的干预，尽快摆脱经济危机，凯恩斯主义由此诞生。凯恩斯主义认为在经济萧条的情况下，政府通过利用举借债务的资金进行投资或者用于弥补预算的不足，对于整个经济社会来说都是有益的，前者可以增加投资，后者可以刺激消费。② 这样政府通过债务、财政赤字等手段对经济进行直接干预，可以维持社会总供给和总需求的平衡，可以有效应对经济周期的短期波动带来的影响。后来凯恩斯主义继承者进一步提出政府通过发行债务获得资金，一方面可以使社会中的闲散资金得到充分的利用，可以扩大财政支出带来的乘数效应，可以促进经济的增长，创造更多的就业机会，最终实现社会总财富的增加。同时他们提出，政府债务并不会对下一代造成负担，他们认为政府公债只是把资源从一种用途转移到另一种用途，例

---

① 亚当·斯密. 国民财富的性质和原因的研究（下卷）[M]. 北京：商务印书馆，1983：489.

② 凯恩斯. 就业、利息和货币通论[M]. 北京：商务印书馆，1981：109.

第3章 政府债务管理与政府会计相关概念及理论

如，公共基础设施的建设，耗费的资金量较大，建设的周期也很长，当期的财政收入无法实现公共基础设施建设的需要，政府通过举借债务来获得资金，后来的偿还债务和本金则由受益人未来分期负担。因而总的来说，凯恩斯主义认为政府债务可以有效促进经济的增长，债务带来的收益远大于其带来的风险。阿尔文汉森指出，相对于政府维持平衡预算，政府通过发行债务对于经济的发展更加有利，政府债务可以带来更多就业机会，进一步促进经济的发展。认为政府发行债务比维持预算平衡更有利于保持经济繁荣，政府通过发行债务可以促进经济增长和充分就业。劳伦斯·R.克莱因提出在经济衰退的情况下，政府可以通过增加财政支出来解决生产过剩的问题。他提出政府通过发行债务可以迅速获得资金，通过对20世纪30年代以来政府利用债务收入的情况进行分析，他得出政府性债务可以创造新的就业机会，可以使之前因为经济衰退而失去工作的人重新工作，促进经济的发展，增加整个国民的财富，因此政府性债务对于整个经济体系来说是一种非常重要的内在稳定因素，并不是有害的。之所以凯恩斯主义在当时得到盛行的主要原因是由当时的社会环境决定的，社会上有大量闲置的资金，政府举借来的债务主要应用于生产性支出，债务支出的经济效益大于债务到期还本付息额或是债务的支出项目拥有较高的社会效益。

第三阶段是政府债务负担论。布坎南和莫迪利亚尼等是债务负担论的主要代表，他们认为对于政府债务要具体分析，并没有直接认为政府债务是有益的还是有害的，但他们一致认为政府举借债务的负担实际上是转移给了下一代以及后代，对于当代人来说并没有形成负担，因此他们对于公债有益论提出的"非负担"理论持反对态度。他们认为政府债务既可以产生益处也可以产生不利，如果将政府举借的债务应用于生产性支出，也就是只用于能够产生长期收益的资本项目的支出，那么政府债务是有益处的。如果应用于非生产性的消费支出，那么对整个经济社会是不利的。他们最主要的观点是认为政府债务与私人债务在本质上是一样的，举借债务都是获得了本期额外的购买力但是本期却没有增加额外的成本，这些额外增加的成本被转移到了未来，这些债务的还本付息将由未来的一代负担。政府债务负担论也是在特定的背景下产生的，当时社会上拥有大量的闲置资金，政府债务规模不断扩大，其中一部分债务被用于消费性支出，用于资本性支出的一些债务收益并不理想，因此人们认为需要对政府债务的合理性进行具体的分析，产生了政府债务负担论。

第四阶段是近期的政府债务理论。到 20 世纪 80 年代，财政赤字政策遭受了反对，社会普遍认为：政府举借债务确实可以应对短期的危机，但是政府利用举借的债务进行的投资效率普遍低下，对于社会经济的持续增长是不利的；另一方面政府举借公债进行各种投资，很容易在社会上形成垄断，对于通过市场竞争实现经济快速增长是不利的；但是公债作为政府的一种宏观调控手段是必要的。

从以上 4 个阶段我们将政府债务的产生及发展概括为由于战争带来了经济危机的产生，政府利用举借的债务弥补资金的短缺，使国家渡过了经济危机；政府通过举借债务建设公共基础设施等项目，使未来几代人受益，这几代受益人理所应当地偿还本息，避免了通过提高税赋使当前纳税人增加负担，在经济上具有合理性；政府通过举借的债务，增加投资等可以创造新的就业机会，刺激社会经济的发展。但是由于最近几年，各国政府的债务规模不断扩大，政府投资的效率较低，收益较差等造成政府债务的负面效应增加，政府性债务风险不断提升，因此债务风险的管

第3章 政府债务管理与政府会计相关概念及理论

理越来越引起重视。

（2）政府债务的功能。国内外学者通过对政府债务的研究，发现政府债务具有以下几个功能：

①政府债务可以用于弥补财政赤字。财政赤字指的是政府的经常性收入减去经常性支出的差额为负，也就是经常性收入不能够弥补经常性支出而形成的差额。造成财政赤字的原因有很多种，比如在一个财政年度内，财政支出已经发生了，但是对应的财政收入还没有收集上来，就会发生财政赤字，这时候政府就可以利用举借债务来填补临时发生的财政赤字，等税收等财政收入收上来之后再去偿还债务。政府债务可以帮助政府在经济衰退期出现财政赤字的时候，用于弥补赤字，并且政府利用政府债务弥补财政赤字，相比于直接向银行透支来讲，举借债务可以缓解通货膨胀的压力。

②政府债务可以帮助政府筹集建设资金。政府作为公共部门，需要为社会提供公共基础设施比如公路、铁路、机场、水利设施等，但是建设这些基础设施通常需要耗费巨额的资金，而且建设周期较长。这些基础设施建好之后提供的也是公共产品或者公共服务，因此私人都不愿意或者也没有能力去投资这些基础设施，因此只能由政府去建设这些项目。但是由于这些项目的特点，在建设期间政府通常也没有足够的资金去建设，因此当政府不能满足公共基础设施的建设资金需求时，就可以通过举借债务来弥补资金的不足。

③政府债务可以增加社会的总需求，从而刺激经济的增长。经济学中，社会总需求对社会总供给起到重要作用，比如当一个社会的总需求不足时，政府通过举借债务将筹集来的资金用于投资，这样就可以增加社会的总需求，带动总供给的增加，整个社会的总产量和总收入，可以增加新的就业机会，刺激经济的

发展。

④政府债务中的国债可以降低金融市场的系统风险。在金融市场中国债发挥着特殊的作用，因为在金融市场中，国债由于信誉度高，风险最低，因此国债的利率也是最低的，国债利率就成为金融市场的基准利率。① 此外，国债因为其交易量很大，交易速度较快，交易的成本较低，因此国债的利率可以很好地反映金融市场资金供求状况。另外，国债可以降低整个金融市场的系统风险。这是因为国债有其特殊性，它由国家发行，而国家拥有征税和发行货币的权利，通常情况国家是能够确保国债按期偿还，其安全性在所有的金融资产中是最高的，当国债在整个金融市场中处于重要地位时，可以降低整个金融市场的系统风险。投资者如果购买国债，作为其投资组合的一部分，同样也可以降低投资者的投资风险。

从以上关于政府债务功能的分析，我们可以看出政府债务在当今社会的经济生活中发挥着重要的作用，所有国家的发展都离不开政府债务，政府债务对于经济社会的发展乃至国家的发展都具有非常重要的作用。因此，我们要重视对政府债务的管理，在利用好政府债务为社会经济发展的同时，有效防范政府债务带来的风险等不利影响，使政府债务充分发挥其积极作用。

3.1.4 政府债务管理

根据政府债务理论以及政府债务的功能可见，政府债务对于国家的经济以及社会发展具有非常重要的作用，各个国家都拥有政府债务，而且近年来政府债务规模呈现越来越大的趋势，因此对政府债务的管理就显得尤为重要。政府债务管理，就是以政府

---

① 类承耀. 国债的理论分析 [M]. 北京：中国人民大学出版社，2002：89.

债务的运行过程为管理对象，通过债务信息的获取，对政府债务涉及的相关事项进行决策、计划、组织、领导和控制活动，达到政府债务管理的目标。

（1）政府债务管理目标。政府债务管理目标是政府通过对债务进行管理预期希望达到的目的，通过政府债务管理目标可以判断政府债务管理活动是否合理有效，它为政府债务管理提供明确的方向，引导债务管理工作人员对债务进行有效的管理。在指定债务工作管理目标的时候要能够直接反映客观环境的变化，并且可以根据环境的变化随时做出调整。

政府之所以要对债务进行管理，最主要的目的是为了使政府能够更好地履行其职能，也就是说政府债务管理的实质是由政府的职能决定的。作为政府来说，其基本职能是提供公共产品及服务，保障经济持续稳定地发展，实现收入的合理分配，使社会资源得到有效的配置，政府通过对社会经济事务进行管理来履行职能。由于政府要履行其职能，因此承担了相应的支出责任，这些公共支出用来保障政府的正常运转以及经济社会发展所需要的必要支出。这些支出通常是由财政收入提供的，但是当日常的税收收入等财政收入不能负担这些公共支出时，政府为了履行其职能，就需要通过举借债务来负担这些支出。随着市场化程度的不断深入，经济和社会的迅速发展，社会公众的公共需求越来越多，社会上的闲置资金也不断增加，政府的职能也在扩展，因此政府不仅需要实现公众对当前公共产品的需求，还要考虑公众未来的需求，以达到当前与未来社会福利的最大化，这就使政府的举债规模不断增大，那么怎样才能以较低的成本获得资金，来达到社会福利的最大化，使政府能够更好地履行其职能，这是债务管理的主要目的。伴随着举债规模的不断增大，政府的债务风险也随之增加，如何既能充分利用举借的资金履行社会职能，又能按时偿还举借的债务，这是政府债务管理的主要内容。

（2）政府债务风险管理。

①政府债务风险的内涵与特征。首先我们来看什么是风险。国内外学者通过对风险的研究，认为风险指的就是事件在未来发生的不确定性，只要某个事件在未来发生导致的结果有两种或者两种以上，就是风险，倘若未来只会出现一种结果那么就不存在风险。也就是说，风险是事件在未来可能发生的结果的变动，这种变动通常包括好的方面或者不好的方面，好的方面会产生预期的收益，不好的方面会产生预期的损失。在具体的实践过程中，人们更加关注会产生预期损失的情况，因此人们普遍认为风险是未来发生不利情况的可能性。在我们的经济社会中存在着各种各样的风险，比如财务风险、投资风险、财政风险等。

为了更好地理解政府债务风险，我们先来看一下财政风险。对于财政风险，国内外学者进行了大量的研究，其中，刘尚希认为：财政风险是政府未来拥有的公共资源不能够负担未来需要履行的责任和偿还的义务，导致整个经济社会的稳定与发展受到不利影响的可能性。他认为财政风险有多种形式，比如财政赤字不能持续，也就是迫于社会的压力或者政治的压力，政府不能够再利用增加赤字来增加支出；再例如政府债务不能持续，这主要是由于资本市场的约束或者社会对政府不再信任造成政府不能再利用举债来维持或者增加支出；还有一种就是政府财政也不能持续，这指的是当前面两种情况都发生之后，政府没有其他办法职能通过增加税收来获得资金，倘若这种办法实施不了的话，那么财政就会走到尽头，会全面爆发财政危机，影响经济和社会的稳定。根据财政风险的定义以及形式可以看出，财政风险指的是未来发生不利情况的可能性，财政风险是从政府债务角度出发的，产生财政风险的根本是资产与负债之间的不均衡，主要的问题是债务风险，也就是说政府债务风险是财政风险的具体体现。①

下面我们具体看什么是政府债务风险。通过对财政风险的了解，我们知道政府债务风险是财政风险的具体体现，这主要是因为财政风险受诸多因素的影响，但是所有的这些因素都表现为对当期或者未来公共资源的需求，倘若公共资源不能满足这些需求，财政就会通过举借债务来满足，或者不承担相应的责任与义务，具体表现就是政府债务的增加或者资源的不匹配等，因此政府债务风险是财政风险的具体体现。那么政府债务风险指的就是由于政府债务的存在，导致政府未来所拥有的公共资源是否能够履行其应当负担的责任和义务存在不确定性，会对经济社会的发展与稳定产生影响的不确定性。这种不确定性既可能是好的结果也可能是不好的结果，如果是好的结果也就是政府未来拥有的公共资源能够履行应当负担的支出责任和义务，比如政府利用举借的债务对公共基础设施进行了投资，带动了经济的发展，促进了就业，企业盈利增加，政府的税收收入也随之提升，政府不仅能够按期偿还债务，而且增加了社会公众的福利，这种好的结果也就是我们通过债务管理想要达到的目标。如果是不好的结果，也就是政府未来拥有的公共资源不能够履行应当负担的支出责任和义务，这时候政府有可能就会出现下面这些情况，比如不能按时偿还到期以协议或者合同等形式规定的法定债务；或者政府不去履行应当承担的部分责任与义务，比如不去承担一些公共基础设施的日常维护费用

---

① 刘尚希. 财政风险及其防范问题研究 [M]. 北京：经济科学出版社，2004：15.

等；最不理想的情况是政府可能通过增加货币的发行和提高税收等方法来获取资金，这很有可能导致出现财政不持续的情况。2008年经济危机之后，许多国家大量举借债务，造成债务规模持续扩大，很有可能出现较高的政府债务风险，对于我们国家也是如此，因此我们需要加强对债务风险的管理，避免其出现不利的影响。

下面我们来看一下政府债务风险的特征。由于政府债务法风险是财政风险的具体体现，那么政府债务风险属于财政风险，具有财政风险的特点。政府债务风险主要有三个特征：第一，政府债务风险具有系统性，不易被分散。与企业风险相比，政府债务风险有其自身的特点。对于企业风险，一般不具有外部性，是企业内部自身承担的风险，企业风险可以通过投资组合的方法来进行分散，而政府债务风险有其自身的特点，它属于公共风险，政府是唯一能够行使公共权力的公共主体，因此政府债务风险具有系统性、不易分散，政府就不能将债务风险转移给其他的社会主体，因此对于政府债务风险的管理就不能借鉴企业对于风险的管理方法。第二，政府债务风险具有隐藏性，不易被发现。与企业风险、金融风险相比，政府债务风险具有隐藏性，这是由于影响政府债务风险的因素比较多，而且这些因素很容易隐藏，比如政府的隐性债务很容易通过一些处理将其隐藏起来，对于已经发生的债务只要不支付现金，会计上采用收付实现制就不会将其确认为负债。因此政府债务风险的隐藏性很容易导致债务风险积累，随着债务风险的不断积累，最终导致政府债务危机的暴发。第三，政府债务风险具有传导性。引起政府债务风险的因素有很多，比如直接隐性债务及或有债务这些因素，如果一旦发生恶化，出现如国有企业巨额亏损、银行破产等情况，政府就需要去承担这些债务，那么债务风险就会传导到政府这一主体上，进而对整个社会的经济稳定等造成不利的影响，因此政府应当加强对政府债务风险的管理。

②地方政府债务风险分析框架——资产负债管理法。从上述分析可以看出，政府性债务风险对国家的经济社会发展具有极其重要的作用，需要加强对政府债务风险的管理，为了更好地对其进行管理就需要对其分析。国际上最早对于公共债务的管理采用的是传统分析方法，在传统分析法下，主要是对政府债务进行管理，没有与资产进行关联。这种方法的缺点是，只关注资产负债表中的"负债"，而且也只是对显性负债进行关注，对于隐性负债或有负债并没有关注，对于"资产"也没有很好地关注，也就是说传统分析法仅仅对当期的政府债务进行了关注，对于未来的债务情况并没有很好地关注。近年来，由于许多国家债务规模不断提升，传统分析法不能满足国家对债务管理的需要，在企业里普遍应用的资产负债管理法被逐渐应用于政府债务管理。资产负债管理法最早在企业财务管理中应用，随着企业的发展壮大，企业的利润越来越多，为了赚取更多的利润，企业可以利用负债进行经营，当企业的资金收益率高于借入资金利率时，企业通过增加负债，可以赚取更多的利润。但是企业取得负债之后，实际的收益情况受很多因素的影响，资金收益率有可能高于预期，也有可能低于预期，这个结果是不确定的，这种不确定性会影响到企业的经营成果。如果企业实际的资产收益率低于借入资金的利息率，企业借入的资金越多，企业的负担越重，如果达到一定程度，就会使企业处于资不抵债的情况，也就是企业的总资产小于总负债，会给企业带来严重的损失，有可能使企业面临破产的风险。因此为了企业为了更好地管理债务，采用资产负债管理法，注重资产、负债在规模、结构等方面是否匹配等方面的管理，可以更好地

管理债务应对风险。2000年以来，资产负债管理法被应用到国家的公共债务管理中，对于政府债务风险主要是指政府未来拥有的公共资源不能满足履行未来应该承担的支出责任和义务，因此通过资产负债管理法，从政府资产和债务两个方面对政府债务风险进行分析，可以更好地对债务进行管理，有效应对政府债务风险。

运用资产负债管理法对政府债务风险进行分析有两种方法，第一种是利用资产负债表中的资产与负债之间的差额来进行判断，如果是正值，表明政府的财政可持续，如果是负值，表明政府需要采取增加收入减少支出等方法，才可以保障财政的可持续性。第二种是从流量角度进行评价。财政可持续性的标准定义为保持政府资产减去负债的差额与国内生产总值的比率是某一常数，如果资产减去负债的差额与国内生产总值的比率是某一常数，表明政府财政目前并不存在支付危机，即使资产与负值的差额与国内生产总值同比例扩大时，也不会发生支付危机，因此为了保证财政的可持续性，就需要提高政府资产减去负债的差额与国内生产总值的比率。资产负债管理法中所采用的资产和负债是以资产负债表为基础，这里的资产和负债都是广义概念的资产和负债，因此为了对政府债务风险进行分析，就需要通过政府会计提供的资产与负债的数据来进行。

③政府债务风险控制指标。要实现政府债务管理的目标，主要在于对政府债务风险进行控制，为了对政府债务风险进行控制，需要有一些控制标准，也就是风险控制指标，现阶段国际上使用的政府债务规模控制指标如表3-2所示，其中最常用的三个指标是债务负担率，债务偿债率和债务依存度。

表 3-2　政府债务规模控制指标及常用指标含义

指标	公式	常用指标评述
债务负担率★	年末政府债务余额/当年 GDP	是年末地方政府债务余额占当年地区内生产总值的比率。它是从地区经济的全局考察地方政府债务的数量界限，也是反映地区政府经济总规模相对政府债务的承载能力及地方政府的风险程度。此指标值越大，说明风险越高。国际公认的国家债务负担率的警戒线为 60%
债务率	年末政府债务余额/当年财政收入	
新增债务率	当年新增政府债务额/当年财政收入增量	
债务偿债率★	当年债务还本付息额/当年财政收入	是指地方政府当年债务还本付息额占当年财政收入的比率，即当年财政收入中用于偿还债务的部分所占的份额。此指标反映地方政府用当期财政收入偿还借款的能力。此指标值越高，表明该地方政府偿还债务的能力越差，过高表明政府可能会有偿还风险。一般认为其国际公认警戒线为 10%
担保债务比重	当年债务担保余额/当年财政收入	
利息支出率	当年利息支出额/当年财政收入	
债务依存度★	当年举借债务数额/（当年财政支出＋当年债务还本付息额）	是指地方政府当年举借债务数额占当年财政支出（包括当年债务还本付息额）的比率。此指标反映当年地方政府财政支出对债务的依赖程度。如果此指标值过高，表明该地方财政支出过于依赖债务收入，地方财政处于脆弱状态，将对未来财政的发展和平衡产生危险。一般认为其国际公认警戒线为 20%
资产负债率	年末政府债务额/年末政府资产额	

资料来源：李萍，许宏才，李承. 地方政府债务管理国际比较与借鉴 [M]. 北京：中国财政经济出版社，2009：43.

表3-2中所列指标可以从债务规模上对政府举借的债务进行控制，可以在一定程度上防范政府债务风险。但是这些指标也存在一些缺陷，比如第一，这些指标对于风险的评估不够全面，只涉及直接显性负债，对于隐性负债以及或有负债并没有涉及，而隐性负债和或有负债在政府债务中占的比重较大，这些债务产生的债务风险更高，未来对整个社会经济带来的影响更大。第二，这些指标没有全面考虑政府资源的情况。评价政府债务，需要将政府资源与支出责任、义务进行比对，而这些指标的评估缺乏对资源的配比。第三，这些指标对于政府债务风险的评估是静态的，对于政府债务风险的反映不够准确，缺乏动态的评估。针对这些风险指标存在一些缺陷，为了更加有效地对政府债务风险的情况进行评价，有效防范风险，可以从以下几个方面对这些指标进行完善：第一，扩大政府债务的核算范围，将隐性直接债务也纳入指标的计算中，对于或有负债也可以根据其发生概率作为权数纳入指标计算。第二，对于常用的指标，可以计算三年的平均数，其他指标也可以计算三年的平均数，这样可以动态地反映债务风险的情况，可以有效避免某些领导者为了政绩或者其他原因，采取一些手段降低当年的风险指标，导致未来风险指标的升高，对经济稳定造成不利影响。第三，表3-2中虽然有资产负债率这个指标，但是它并不是大多数国家采用的常用指标，主要原因是很多国家并没有编制资产负债表，对于资产、负债的全面确认难度较大。但是这个指标却是最能反映政府债务风险的指标。因此可以采用世界银行专家William Easterly 和 David Yuravlivker（2003）在"建立政府资产负债表对哥伦比亚和委内瑞拉政府的案例分析"一文中指出的，可以通过两种方法用资产负债表来评估财政可持续性，第一种方法，从绝对值的角度，即用预测的资产

负债表中的资产与负债的差额来评估，称此指标为资产负债净值；第二种方法，从流量的角度，用资产与负债的差额占地区内生产总值的比率来评估，称此指标为净值率。我国政府债务风险控制指标体系在表3-2的基础上进行了改进，改进后的政府风险控制指标体系如表3-3所示。

表3-3　改进的地方政府债务规模控制指标体系

指标	公式	评述
债务负担率	年末政府债务余额/当年地区内生产总值	国际警戒线为60%；此指标值越大，风险越大，反之风险越小
	政府债务余额/地区内生产总值年平均值	
债务率	年末政府债务余额/当年财政收入	此指标值越大，风险越大，反之风险越小
	当年债务还本付息额/当年财政收入	
偿债率	债务还本付息额/财政收入（3年平均值）	国际公认警戒线为10%，此指标值越大，年平均值大，风险越大，反之风险越小
债务依存度	当年举借债务数额/（当年财政支出+当年债务还本付息额）	国际公认警戒线为20%，此指标值越大，风险越大，反之风险越小
	举借债务数额/（财政支出+债务还本付息额）（3年平均值）	
担保债务比重	当年债务担保余额/当年财政收入	此指标值越大，风险越大，反之风险越小
利息支出率	当年利息支出额/当年财政收入	此指标值越大，风险越大，反之风险越小

续表

指　标	公　式	评　述
资产负债率	年末政府债务额/年末政府资产额（可以计算当年平均数和3年平均数）	此指标值越大，风险越大，反之风险越小。此指标也不是越低越好，适度数负债投资一些公共项目，有利于当地经济的发展
资产负债净额	资产总额—负债总额	警戒值为零，不能低于零。此指标值越大，风险越小，反之风险越大
净值率	（资产总额—负债总额）/地区内生产总值	测算出保持地区财政可持续性的这一比率，实际值与之比较，若低于此指标值，财政可持续性可能会有问题，长期偿还能力可能有问题
按风险程度估量的或有负债、隐性负债	对近期到期的或有负债、隐性负债进行估算（如担保额、养老金支出缺口）	或有负债、隐性债务有时影响地方政府的偿债能力；地方偿还能力出现支付危机时，中央政府得承担责任，因此，近期的这些债务应该有些估计数，让地方和中央政府了解这些债务的情况，如估算金额

④风险预警。政府风险预警是政府债务管理的重要内容，风险预警的作用是在债务风险造成不利影响之前发出预警，政府通过采取有效的措施避免或者化解风险的发生。债务风险预警是以债务风险控制指标的标准为依据，对政府债务管理活动进行及时监控，当债务活动使指标值接近警戒值时，对相关部门和机构发出警告，以便提出纠正和化解风险对策。

⑤隐性债务风险、或有债务风险管理。随着许多国家举借债务的规模越来越大，隐性债务风险和或有债务风险的问题日渐突出，如果不能对这些风险进行管理，那么将会对国家的经济发展产生巨大的影响，因此要加强对隐性债务风险以及或有债务风险的管控。

直接隐性债务，主要指的是公共建设项目未来的维护性支出、未来公共养老金、医疗和其他社会保障性支出，等等。这些支出由于是政府将来需要负担的支出，政府会计在当期一般不会对这些支出进行确认和计量。但是这些支出是中长期公共支出的重要内容，如果政府不能支付，将会对财政的可持续产生重大影响，目前这些支出中最重要的是未来公共养老金，由于我国社会逐渐步入老龄化，未来的公共养老金支付是一笔巨大的款项，将成为影响财政稳定的重要因素，因此为了规避由这些直接隐性债务带来的风险，政府应该提前考虑并筹集相应的资金来应对这些支付。

或有显性债务，指的是某一特定事件发生的情况下，政府需要承担的法定责任，这往往与当期的预算项目没有直接关系。或有显性债务主要包括的就是政府为公共部门以及企业的债务和其他责任提供的担保。担保责任同样是影响财政风险的重要因素。政府由于提供了担保，如果企业或者公共部门无力支付，那么政府就要承担这些债务，这些债务很可能是巨额的，这就会造成政府未来的公共支出剧增，政府债务风险增加，因此对于或由于显性债务必须加强对其的管理。担保之所以可能给政府带来巨额债务的原因主要有以下几个方面：第一，由于经济全球化的发展，企业之间的竞争越来越激烈，企业面临的风险也随之增加，被担保企业的债务由政府来承担的概率也随之增加。第二，政府为了减少公共支出，将原来应当由政府提供的公共服务转变为由私人部门提供，政府则为这些私人部门提供担保为其筹集资金，这就使政府未来的公共支出会产生很多不确定性。第三，一些官员为了追求政绩，减少当政期间的财政赤字，通过对私人部门进行担保将应该由政府提供的公共服务改为由私人部门提供，虽然当期这些支出不构成政府的支出，使当期的赤字降下来，但是政府未来的支出却可能增加。第四，以收付实现制为基础的政府会计为政府隐藏债务提供了便利。因为在收付实现制下，债务和支出只有在实际发生现金支出时才能够被确认和计量，比如在收付实现制下，政府为企业提供了担保，收取了担保费，政府会计上将这笔担保费作为净收入入账，但是政府未来可能承担的担保责任而发生的支出却不反映在账上。

或有隐性负债，指的是政府在政策或市场失灵，在社会公众以及道德的压力下不得不负担的债务。对于或有隐性负债发生的概率是不确定的，带来的风险也是难以预估的，有可能会给政府带来巨额的支付，造成政府未来的债务风险。比如大型国有企业不能按期偿还债务，商业银行出现危机等，政府为了保障经济以及社会的稳定，保持金融市场的运行，不得不去承担这些债务。这就会造成政府未来产生巨额支付，加大政府债务风险。此外，由于政府对于这些或有隐性债务不得不承担支付，会使受益人过度冒险，最后产生的风险由政府负担，因此政府要加强对或有隐性负债的监管，避免出现被动的局面。

⑥及时披露客观的政府债务信息。政府作为国家的管理者，接受人民的委托，有义务向社会公众披露政府的债务情况，包括直接显性债务、或有债务和隐性债务等信息，披露政府债务信息具有下面几个方面作用：第一，通过及时全面的披露政府债务信息，可以让政府的监督机构比如各级人民代表大会、审计部门、投资者、社会公众及时全面的了解政府债务信息，可以对政府的行为起到约束作用。比如当政府举借大量债务或者将债务隐藏起来导致未来风险较大时，政府的监督部门就会采取相应的措施来约束政府的行为。比如各级人民代表大会会拒绝批准的预算，审计机关会出具应对风险的审计意见，投资者会拒绝投资政府债券等，这就可以很好地对政府起到约束作用，避免政府盲目地增加债务。第二，及时全面的披露政府债务信息，可以使信用评级机

构客观地对政府进行信用评级，可以吸引更多的公众投资，降低融资成本。进行政府债务管理最主要的目的就是以较低的成本获得资金，而全面及时的披露政府债务信息可以帮助我们更好地达成这一目标。因为政府全面及时地对债务信息进行披露，信用评级机构就可以客观地对其进行信用评级，这样投资者才能更好地了解政府的情况，对政府进行投资。第三，全面及时披露政府债务信息，可以促使政府加强对债务的管理，有效避免债务风险。因为一旦政府债务信息被完全的披露出来，政府的各项支出、债务包括隐性负债、或有负债都被披露出来，财政机会主义就会减少，从而可以有效降低政府债务风险。

综上所述，政府性债务风险对于国家的长治久安具有不利的影响，可能对社会的经济发展带来巨大的隐患，我国在当前的政府会计改革中务必要对政府性债务风险引起重视，因此在政府会计改革中要对不利于揭露政府隐性负债和或有负债的机制体制进行深化改革，使政府会计信息能充分反映政府性债务风险，才能有效防范政府性债务风险。

3.2 政府会计的概念及理论

3.2.1 政府会计概念的界定

（1）会计概念。随着人类社会的发展，对经济管理的需要产生了会计，现在会计已经成为当今社会经济生活的一部分。对于会计的定义，学术界有不同的观点，其中最有代表性的是"管理活动论"和"信息系统论"。"管理活动论"是1980年由杨纪琬教授和阎达五教授提出来的，"管理活动论"认为，会计是一项具有反映和控制职能的经济活动，它通过对各单位的经济业务活动进行分析与核算，做出预测，参与决策，进行监督，为的是帮助单位提高经济效益。① 这种观点指出会计虽然表面上看是为单位提供所需要的各种信息，但是会计的本质是一项经济管理活动，它最终的目的是对经济活动进行控制和管理。对于不管是企业、单位还是国家都需要会计提供信息，对其活动进行管理，因此会计具有管理的职能，对各项活动参与管理。"信息系统论"是1980年由余绪缨教授提出的，他提出会计是以提供财务信息为主的经济信息系统，目的是为了提高微观经济效益，加强对经济的管理。② 这种观点强调会计最主要的目标是提供各种需要的信息，而信息在现代的经济管理中发挥着重要的作用。对于这两种观点，随着人们对会计的不断认识以及会计的发展，人们认为这两种观点在本质上是一致的，只是各自强调的内容不同而已。"管理活动论"强调了会计的管理职能，在各个单位中使会计人员参与到管理活动中来，促进了会计管理职能的发展。"信息系统论"强调了会计提供信息的重要性，让人们越来越认识到会计提供的信息对于单位经济管理，进行决策是非常重要的。

综合这两种观点，不管是企业还是政府，会计一方面通过获得的原始数据进行核算分析，为企业以及政府提供所需要的会计信息，并通过财务报告向企业以及政府提供信息，也就是说会计是一个经济管理的信息系统；另一方面，会计通过向企业以及政府提供所需要的信息，帮助管理者进行决策，也就是说会计参与

---

① 杨纪琬，娄尔行．经济大辞典会计卷［M］．上海：上海辞书出版社，1991：1.

② 葛家澍．会计的基本概念［M］．北京：经济科学出版社，1986：106.

到了单位的经济管理中去,发挥了其管理的职能。综上所述,会计是以货币为主要的计量单位,对一定会计主体企业、事业、机关、团体等单位的经济活动进行全面、综合、连续、系统地反映和监督,为有关各方提供信息的一种经济管理活动。

(2)政府会计定义。会计史的研究表明,人类社会的会计思想和会计行为是社会生产活动发展到一定历史阶段的产物,而最早被系统和完整地运用的会计恰恰是我国的官厅会计(即政府会计)。据历史考证,公元前11世纪,我国就有了官厅会计,郭道扬教授(2008)认为,我国官厅会计是政府会计发展沿革的历史起点。官厅会计是我国奴隶社会和封建社会历代王朝官府中反映和监督国家财政收支的工具,是实现国家财政管理的基本手段。全面反映国家财政状况,保护国家财产与公共权益,需要官厅会计;而反映私家财政状况,保护私有财产与私人权益,则需要公司会计。两种会计在社会经济的发展过程中,相辅相成,都处于国家经济的基础地位,政府会计改革与公司会计改革同等重要。

16世纪中期至18世纪末,德国的重商主义经济学家提出了中央财政思想,使国家的财务管理高度集权化,政府会计制度法制化。到了19世纪,随着西方国家议会制度的完善,公众通过议会加强对国家收入的控制,政府会计的服务对象发生了变化,不仅向皇家报告政府财政信息,而且要向公众代表提供会计信息;政府会计还反映中央机构日常管理和控制的职责完成情况,起到了协助、反馈和监督执行机构完成职责的作用。进入20世纪后半期,公共资金的有限性与社会需求的无限性之间的矛盾愈发突出,政府职责范围和活动领域不断扩展,要求政府担负相应责任的呼声越来越高。于是,公共预算成为分配有限财政资金、规划政府活动优先次序的有效工具,同时也推动了政府会计的改革和发展。

关于政府会计概念的界定，目前学术界有不同的观点，主要有以下几种代表性观点：李建发（2002）认为，政府会计主要用于确认、计量、记录和报告政府和政府单位财务收支活动及其受托责任的履行情况。郭磊、郭玲（2005）认为，政府会计是服务于各级政府及各级各类行政事业单位的会计信息系统。它以货币为主要计量单位，以政府及行政事业单位的资金运动为对象，连续、系统、全面地反映政府组织的各种受托财务责任。张雪芬（2006）认为，政府会计是以政府作为会计核算主体，用于确认、计量、记录政府接受人民委托，管理国家公共事务和国家资源、国有资产，报告政府运行的宏观经济信息以及政府对公共财务资源管理业绩及履行受托责任的会计系统。景宏军、王蕴波（2008）认为，政府会计是反映、核算和监督政府单位及其构成实体在使用财政资金和公共资源过程中财务收支活动的会计管理系统。刘光忠（2010）认为，政府会计是运用会计专门方法对政府及其组成主体（包括政府所属的行政事业单位、政府性基金等）的资产负债、运行业绩、现金流量等情况进行全面的核算、监督和报告的会计管理系统。曹越、赵西卜（2011）认为，政府会计是对政府财政交易或事项进行确认、计量、记录和报告，解除政府公共受托责任并提供决策有用信息的控制系统。

以上几种观点都明确了政府会计的对象（政府单位财务收支活动）、政府会计核算程序（确认、计量、记录和报告）和政府会计目标（反映政府单位的受托责任），虽然在政府会计包含的内容、政府会计对象和政府会计目标表述上有一定的差异，但都揭示出政府会计的本质应是满足信息使用者需求，反映政府及政府单位财务收支活动与预算信息的管理信息系统。

3.2.2 政府会计的职能

会计的职能是指会计在管理经济过程中所具有的功能。它会随着社会经济的发展、经济管理水平的提高等而变化，它的内容可以是多方面的，但它的基本职能是反映和监督。反映职能也就是核算职能，会计核算是会计工作的重点，是指会计以货币为主要计量单位，通过确认、计量、报告等环节，反映会计主体单位一定时期的财务状况、经营结果和现金流量状况，为有关各方提供会计信息。会计的监督职能，是指按照一定的目的和要求，对会计主体的经济活动进行控制、调节等，使之达到预期标的功能。这两项职能相互联系，对经济活动进行会计核算的过程，也是实行会计监督的过程。会计核算是会计监督的基础，会计监督又是会计核算质量的保障。政府会计同样具有会计的基本职能，也就是具备反映和监督的职能，但是随着社会以及环境的不断发展变化，政府会计的职能也相应地发生了发展和变化，目前政府会计的职能主要有：

（1）反映职能。反映职能也称核算职能，是指会计以货币为主要计量单位，通过确认、计量、报告等环节，反映政府一定时期的收入、支出、债务、资产净值等情况，为有关各方提供会计信息。B.J.理德与约翰·W.斯韦恩在《公共财政管理》一书中指出："会计在公共财政管理中是十分重要的，因为当制订涉及资金的决策时，会计系统是为公共组织提供相关财务信息的主要来源。""会计系统提供的信息使人们能够制订财务计划。计划通常是建立在将来与过去相似的假设基础上的。例如，预算就是基于以前年度经验的计划，而这些经验记录在会计系统中。"

（2）监督职能。监督职能也就是控制职能，指的是通过一定的要求，通过对政府的经济活动进行控制、调节等，达到预期目标的功能。政府会计的监督作用主要表现为会计工作人员根据国家相关的法律法规、政策等对政府的各项经济活动进行监督，对政府的各项经济活动进行评价，判断其是否合法、合理以及有效。比如在政府会计中对于预算拨款以及拨款的使用情况等信息进行了记录与确认，相关部门就可以利用这些信息去判断政府在预算执行的过程中是否存在违规、违法等情况，可以及时发现问题，对存在的问题进行相应的处理。B.J. 理德与约翰·W. 斯韦恩在《公共财政管理》一书中强调政府会计控制职能的重要性："会计通过提供相关的信息为公共财政的管理及控制进行服务，比如对公共财政的管理，可以通过预算支出反映出政府在哪些项目上花了多少资金，也就是通过政府会计提供的信息，可以对公共财政的使用情况进行控制和监督。"① 也就是说在政府会计中，通过会计提供的信息，不仅可以反映出某个项目已经使用了多少资金，而且还能够反映出未来还能够再使用多少资金，可以对项目的支出情况进行控制，防止支出过度。由此可见，会计的监督职能对于政府的管理具有极其重要的作用。

（3）管理财政风险职能。受到经济危机的冲击，许多国家和政府大量举借债务，政府债务风险不断加大，未来及时有效地防范政府债务风险，政府会计应当发挥应有的作用，通过全面及时地提供政府债务的信息，为防范政府债务风险做出贡献。王雍君提出："如果政府会计能够对所有的债务信心进行记录或者报告，那么对于预防财政风险将起到十分重要的作用，因为如果政府会计能够将所有的债务信息予以反映，那么管理者或者决策者

---

① B.J. 理德，约翰·W. 斯韦恩. 公共财政管理（第二版）[M]. 朱萍，蒋洪，译. 北京：中国财政经济出版社，2001：20.

就可以利用这些信息对可能发生的风险予以应对。"①

3.2.3 政府会计目标

政府会计目标是指人们期望政府会计实践所达到的境地或结果。它不仅是构建政府会计理论体系的一个基础概念，也是认识和评价政府会计实践的重要依据。对于政府会计目标，我国学者提出了不同的观点。李建发（1999）认为，政府财务报告必须提供各级政府受托责任范围内完整而全面的、满足使用者需要的各种信息，以明确政府的受托责任，使使用者能够据以做出各种决策。② 陈志斌（2003）认为，根据历史的经验，结合我国的实情，我国构建政府财务报告的基本目标应当包括以下几个方面：反映国家资源的总存量、流量以及变化情况；反映国有资产的总量以及受托保管和经营中的保值增值财务信息，反映国家财政财务状况的会计信息；界定政府的受托责任；反映一级政府、机构或部门的综合财务状况；提供帮助政府机构内部管理与控制和立法机构或审计部门监督和检查政府及其机构部门的有关财务信息。而且，政府会计报告中反映政府的受托责任是一个非常重要的概念，所有的政府财务报告都应当以受托责任为依据。③ 陈立齐和李建发（2003）认为，政府会计目标涉及三个层次：其基本目标是检查、防范舞弊和贪污，以保护公共财政资金的安全；中级目标是促进健全的财务管理；最高层次的目标是帮助政府履行受托责任。将政府会计目标划分为基本的、中级的和最高的三

---

① 王雍君. 政府预算会计问题研究 [M]. 北京：经济科学出版社，2004：5.
② 李建发. 政府会计论 [M]. 厦门：厦门大学出版社，1999：160.
③ 陈志斌. 公共受托责任：政治效应、经济效率与有效的政府会计 [J]. 会计研究，2003（9）：49-52.

个层次,是有秩序地构建政府会计系统的需要。① 石英华(2006)认为,综合对我国政府财务信息使用者的信息需求分析,以及我国处于转轨时期的特殊国情,我国政府财务报告的目标应是多元复合的动态体系。② 目前,由于我国财政管理改革刚刚起步,财政资金管理中的违规和腐败现象还很严重,所以现阶段财务报告的目标应当兼顾预算资金使用的符合性、财政管理的要求和反映受托责任三个方面。其中,预算资金使用的符合性和财政管理的要求应作为当前政府财务报告的首要目标,反映政府的受托责任和决策相关是政府财务报告的长远目标和最高目标。为此,政府财务报告不仅要反映预算执行情况,而且还要反映政府的财务状况,如政府的资产、负债和净资产的有关情况。王晨明(2006)认为,在我国现行的政府环境下,报告受托责任和提供有利于决策的信息可以看作是政府会计的主要目标,而在其基础之上衍生出的具体目标应包括:提供遵循政府预算的信息;提供资源是否符合法律或合同要求的信息;提供政府财务状况的信息,包括政府偿债能力的信息、政府财政收支的信息、政府现金流的信息等;提供政府资源使用和占用的信息;提供政府财政管理需要的信息,主要包括为适应财政资金的集中管理在承诺阶段和支付阶段的会计信息。③ 常丽(2007)认为,我国政府财务报告应当从符合性目标逐步向更高层次的受托责任目标发展。所以,我国政府财务报告目标应从以政府宏观经济管理和预算管理为核心向以反映政府受托责任和满足信息使用者的需求为核心的

---

① 陈立齐,李建发.国际政府会计准则及其发展评述[J].会计研究,2003(9):49-52.
② 石英华.政府财务信息披露研究[M].北京:经济科学出版社,2006:148.
③ 王晨明.政府会计环境与政府会计改革模式论[M].北京:经济科学出版社,2006:148.

第3章 政府债务管理与政府会计相关概念及理论

方向转化。而且，我国还应当从符合性目标向受托责任递进的角度出发，在结合使用者信息需求的基础上，制订以下"适度"的政府财务报告具体目标：反映政府预算收支的实际执行情况；提供政府实际预算收支与预算对比的信息；提供政府有关财务资金来源与运用的信息；提供能够反映政府财务状况的资产、负债信息以及净资产增减变动情况的信息；提供关于政府怎样筹措资金和满足现金需求的信息；提供政府运营成本和服务成本方面的信息。[①]

综上所述，许多学者都提出了对政府会计目标的认定。根据学者们的研究，关于政府会计目标的研究结论具有以下几方面的特征：第一，从推演方式上看，为求得政府会计目标，这些研究一般都依据政府所面临的特定环境，首先探讨以下三个问题，即：谁是政府会计信息的使用者？他们需要什么样的信息？政府会计能提供什么样的信息？对这些问题的回答将直接决定何为政府会计目标。第二，从最终定位上看，对政府会计目标的描述主要集中在"受托责任"和"决策有用"两个方面，但在两者孰轻孰重问题上还存在分歧。目前的主流观点是：对于政府而言，考虑到利益相关者在税收和公共服务方面都没有退出权，他们只能非常间接地影响政府税收和支出决策，所以财务报告中的"受托责任"较"决策有用"更应当受到重视。[②] 第三，从具体构成上看，通常认定政府会计目标具有一个层次分明的结构。其中，"受托责任"或"决策有用"处在整个目标层次结构的最上层。其他各项目标都是以被认定的最高目标作为逻辑起点演绎而

[①] 常丽. 论我国政府财务报告的改进 [M]. 大连：东北财经大学出版社，2007：177 – 181.

[②] 王雍君. 政府预算跨级问题研究 [M]. 北京：经济科学出版社，2004：292.

来,也就是说它们都是围绕最高目标展开的,在整个目标层级结构中处于较低的位置。

3.2.4　政府会计的会计基础

会计上确认一个会计期间的收入与费用从而确定其损益所依据的标准,称之为会计基础。会计基础用以决定什么样的交易或事项应予以确认及何时确认的标准或依据,不同会计基础的区别在于交易或事项确认的标准,表现为确认的时间和范围不同,根源在于确认交易或事项的时间标准不同。一般将会计基础分为收付实现制和权责发生制,政府会计采用不同的会计基础,会使政府会计提供的信息内容、范围、金额等存在较大的差异,对于政府会计功能的发挥产生重大的影响。对于政府会计采用的会计基础,现阶段每个国家和政府并没有统一,有的国家采用权责发生制,有的国家采用收付实现制,但是随着近年来,许多国家的债务规模越来越大,政府债务风险增加,越来越多的国家对政府会计进行改革,由原来的收付实现制转为权责发生制,权责发生制越来越成为主流趋势。

(1) 收付实现制的内容及特点。收付实现制是指以是否实际收到或支付现金作为确认和记录交易的标准。在收付实现制下,只确认和记录有现金收付的交易和事项,对于不涉及现金收付的交易和事项不予确认和记录。因为只记录与现金收支有关的事项,收付实现制核算的内容较为简单,操作的难度小,更容易理解,可靠性较高,因此它的优点是可以帮助控制公共部门的预算,同时保证不会超支现金,可以很好地对政府预算进行控制。但是它的缺点也比较明显,不能客观地表达经营成果,资产负债的信息反映不准确,因此它提供的信息不够全面、完整,不能够有效识别财政风险。由于收付实现制只对涉及现金收付的事项予以确认和记录，对于当期已经发生但是没有支付现金的事项不予以反映，对于本期应付而未支付的偿债支出和其他应付款并没有进行反映，也没有确认或有负债和隐性负债，因此就使政府真实的债务信息并没有被完全的反映出来，很多重要且金额较大的债务被隐藏起来，这样就不能及时发现存在的债务风险。同时，对于政府提供的公共产品和服务，由于收付实现制只记录当期已经支付的费用，对于已经发生应计入成本但是还没有支付的费用，还有提前已经支付应计入当期支出的费用都没有进行反映，也就是说因为费用的发生与实际支付的时间可能不一致，采用收付实现制就会使当期公共产品和服务的成本和费用并不是当期公共产品和服务实际的成本，因此不利于提高政府管理效率和进行绩效考核。此外，在收付实现制下，如果人为地提早或者延迟现金的收付时间，就可以很容易地影响政府当期的收入和费用，也就是政府很容易通过操纵现金收付的时间来改变会计数据，从而造成会计信息失真。

（2）权责发生制的内容与特点。权责发生制会计基础下确认、计量和记录交易或事项的标准是关于交易或事项的权利和义务是否实际发生。在权责发生制下，现金的收付与收入、费用的确认并不存在必然联系。对于收入，不论款项是否实际收到，以权利是否形成确定其应归属的会计期间。凡是本期已经"发生"的收入，无论款项是否收到，应作为本期的收入。对于费用，不论款项是否实际支付，以支付责任是否发生确定其应归属的会计期间。凡是本期"发生"的费用，不论款项是否在本期支付，都作为本期的费用。权责发生制基础强调的是合约义务。权责发生制的优点在于对资产负债的反映比较客观，可以比较全面、完整地反映一些长期项目的债务信息，这样使会计信息相对完整。在这一基础下，政府实际发生的费用或支出，无论是否支出现金，都得作为费用和支出处理，这样使费用和支出不能向未来转移，会计数据能就较为客观地反映政府当期的财务状况，会在一定程度上约束财政机会主义，也在一定程度上抑制未来债务风险的累积。但这一会计基础也有局限性，主要有它的难度要大一些，对交易和事项的会计确认有时较难，需要会计人员进行职业判断，它的正确运用要求管理者素质相对高一些会计信息的可靠性差一些。缺点是核算比较复杂，其中夹杂着许多会计人员的主观判断。收付实现制与权责发生制的比较以及对政府债务的确认和计量如表3-4所示。

表3-4 不同会计基础的比较及对政府债务的确认和计量

会计基础	优点	缺点	政府债务的确认和计量情况
收付实现制	简单	不能客观地表达经营成果，资产负债的信息反映不准确	1. 由于举债行为而导致现金增加时，按照实际收到的现金确认和计量为现金收入 2. 实际偿债现金支出时，按照实际偿债金额确认和计量为现金支出 3. 只确认和计量本期实际用于偿还债务的现金支出 4. 不反映本期应付而未付的偿债支出和其他应付款 5. 不确认或有负债和隐性负债
权责发生制	能正确反映收益水平、盈利情况、资产负债信息	复杂，难以操作	1. 由于举债行为而导致债务义务发生时，按照债务义务金额同时确认为资产和负债的增加 2. 对于本期发生但未支付的利息，确认费用和债务的增加 3. 按照本期实际支付的债务本金和利息同时确认为资产和负债的减少 4. 满足负债确认标准的或有负债和隐性负债应确认为一项债务及相关费用的增加

3.3 政府债务管理与政府会计的关系

3.3.1 政府债务决定政府会计中负债的核算内容

会计要素是对会计对象的基本分类，是会计核算对象的具体化，政府会计通过会计要素利用会计科目体系和会计报表体系，对各种事项进行确认、计量、记录和报告，提供各种信息，反映政府的财务状况以及结余等。因此，会计是采用特定的方法对客体进行反映，客体决定会计反映的内容。负债作为政府会计的会计要素，政府会计利用负债这一要素通过确认、计量、记录和报告对政府债务的信息进行及时的反映，政府债务决定政府会计中负债这一要素要反映的内容。政府债务是由政府作为会计主体承担的现时义务，履行该义务会导致未来资源的流出。与企业债务相比，政府由于其主体的特殊性，政府债务所覆盖的范围更为广泛，不仅包括法律、合同约束规定的债务，还包括法律、合同约束规定之外的债务，政府还需要承担政治上以及道义上的责任而形成的负债。政府债务分为直接显性债务、直接隐性债务、或有显性债务和或有隐性债务四类，政府会计利用负债这一要素，通过会计科目体系以及会计报表体系，对这四类债务进行确认、计量和报告，以反映政府债务的具体情况。

下面我们具体看政府会计对于政府债务的确认、计量和报告。首先，政府会计要对政府债务进行确认。政府债务确认的难点主要在于政府债务的范围相较于企业来说过于广泛，而且界限不明确。直接显性债务与企业负债类似，相对好确认；直接隐性债务因为有些内容被隐藏，确认起来有难度；或有显性债务的确认相对较难，因为这类债务的确认要根据政府未来资源是否流出来决定，而政府未来资源是否流出由某些事项是否发生来决定，而这些事项是否发生具有不确定性，因此确认相对较难；或有隐性债务，这类债务是最难以确认的，因为造成这类债务产生的事件是不确定的，事件发生之后政府承担的义务也不确定。其次，政府会计要对政府债务进行计量。政府会计需要对政府债务进行计量，以此来反映政府债务的规模，但是政府债务的计量与确认类似，其难易程度与确认基本保持一致，其中最容易计量的是直接显性债务，目前我国政府会计只对直接显性债务进行计量，其他几类债务还没有具体的计量标准。最后，政府会计要对政府债务进行报告。通过对政府债务进行报告，可以使报告使用者充分了解政府债务的信息，便于做出决策和进行相应管理。目前对于债务报告的要求是，需要在资产负债表中对于已经确认计量的债务进行报告，在报表附注中或者通过其他方式将没有确认或计量的债务进行披露。

3.3.2 政府会计为地方政府债务管理提供信息

政府会计通过对政府债务的确认、计量和报告，对政府债务的情况进行披露，可以使政府掌握债务的实际情况，及时发现政府债务存在的问题，可以有效防范政府债务风险。美国政府会计专家陈立齐（2009）提出："政府会计体系相当于政府的'神经系统'，它是政府财政管理的控制中心，好的政府会计体系至少保证财政账目的准确性，更好的政府会计体系指引决策者和管理者去事前关注有问题的领域，最佳的政府会计体系为决策提供有用信息。"[①]

---

① ［美］陈立齐. 美国政府会计准则研究［M］. 陈穗红，石英华，译. 北京：中国财政经济出版社，2009：134 - 135.

(1) 政府会计为政府债务管理提供基本数据。政府债务管理的总目标是控制政府债务风险,确保政府拥有稳定的短期偿债能力和长期偿债能力。短期偿债能力决定了政府财政的稳定性,长期偿债能力决定了政府财政的可持续性,控制政府性债务风险对于国家社会以及经济的发展至关重要。而要控制政府债务风险,保障短期偿债能力和长期偿债能力,就必须掌握政府所有的债务情况,包括债务的规模、债务的结构等信息,而政府会计通过对债务的确认、计量和报告,可以为政府提供需要的债务信息。

(2) 政府会计为政府债务风险状况的评估提供数据。控制政府性债务风险,首先要了解政府债务风险的情况,刘尚希提出四个层次的分析来评估政府负债务风险:"第一个层次,政府债务与公共资源存量的对比分析。通过这一层次的分析,可发现财政风险是扩散还是收敛。如果具有扩散的特征,则进入第二层次的分析。第二个层次,政府债务与公共资源流量的对比分析。通过这一层次的分析,可发现财政风险扩散的程度。如果扩散的程度很大,即超出了现有的财政能力,则进入第三个层次的分析。第三个层次,政府债务与经济总规模的对比分析。通过这一层次的分析,可发现财政风险是否处于可控的范围之内。这可以通过分析公共债务对总规模变动的敏感性来测试。如果财政风险处于失控的境地,用现有的经济资源难以解决问题,则进入第四个层次的分析。第四个层次,政府债务与政府无形资产的对比分析。通过这一层次的分析,可发现财政风险是否演变为政治危机和社会危机。"[①] 在以上对政府债务进行风险评估的过程中,就需要

---

① 刘尚希. 财政风险及其防范问题研究 [M]. 北京:经济科学出版社,2004:69-70.

利用政府会计提供的关于政府债务的信息，因此政府会计是进行政府债务风险评估的基础。

（3）政府会计能给政府债务管理提供前瞻性信息，有利于防范债务风险。防范政府债务风险，需要在风险还没有发生时采取措施，否则一旦风险发生再去防范就失去了意义。世界银行高级经济学家马骏（2003）对许多发生财政危机的国家进行研究发现，这些国家之所以暴发危机，是因为这些国家的政府会计提供的会计信息没有完整地反映政府的财政活动，因此没有提前采取措施予以应对，等发现危机的时候，通常已经到了非常严重的情况，即使采取相应的措施也无法避免危机的暴发。因此，他认为政府会计通过及时全面地提供政府的财务信息，可以使政府能够对风险进行有效的识别。① 王雍君（2004）认为，政府会计通过提供前瞻性的会计信息，可以有效防范政府债务风险。王雍君对一些国家的政府会计进行研究发现，这些国家之所以出现财政风险并最终对经济社会造成重大影响的关键是政府会计没有发挥预警作用，这些国家的政府会计大部分采用收付实现制的核算基础，对于诸如"支出义务"承诺、"应计支出"、或有负债等可能会引起财政风险的事项并没有对其进行确认和计量，使管理者未能及时了解相关的信息，错过了采取措施控制财政风险的有利时机，最终使财政风险带来了巨大的损失。②

3.3.3 政府会计职能的发挥就是政府债务管理的重要内容

政府会计有两大基本职能核算和监督，这两大职能的充分发

---

① 白海娜，马骏. 财政风险管理：新理念与国际经验 [M]. 梅鸿，译/校. 北京：中国财政经济出版社，2003：260.

② 王雍君. 政府预算会计问题研究 [M]. 北京：经济科学出版社，2004：108－109.

挥，对于政府债务管理非常重要。首先，政府会计的核算职能，政府会计利用获得的原始经济数据，通过对政府债务进行核算等，最终提供全面及时的政府债务信息给信息使用者，可以帮助政府的管理者以及决策者对债务信息进行全面了解，做出正确的决策。政府会计提供的债务信息越及时、越全面，那么管理者就能够更好地掌握债务信息，对于存在的问题能够及时发现，通过采取相应的财政措施或者其他手段，及时对政府债务风险进行控制，可以有效防范政府债务风险。因此政府会计通过对债务进行核算提供债务信息，是政府债务管理的重要内容。其次，政府会计的监督职能，指的是对政府主体的经济活动进行控制和调节等，如会计人员通过核算可以了解到政府债务到期日，督促及时筹集资金偿还债务，可以避免偿债风险；可以根据国家相关法律法规对政府的举债行为是否合法进行监督，对政府的举债行为进行约束；可以利用会计信息对政府举债筹集资金的使用情况进行监督，提高资金的使用效率；可以及时对未来可能产生风险的债务项目进行判断，采取相应的措施，有效防范风险。综上所述，政府会计核算和监督两大职能的发挥，是政府债务管理的重要内容，可以帮助政府有效防范政府债务风险。

3.3.4 政府债务管理对政府会计的影响

政府会计通过提供的政府债务信息，可以帮助管理者对政府债务进行有效的管理，也就是政府会计对政府债务管理具有重要的影响。反之，随着经济社会的发展，政府债务的情况出现了许多变化如债务规模增加、债务构成复杂等情况，政府债务管理的目标和要求也发生了一些变化，使政府债务的管理对政府会计也提出了更高的要求，也就是说政府债务管理反过来影响政府会计的改革。

(1) 政府债务管理要求债务核算采用权责发生制。近年来由于受到经济危机的冲击，政府大量举借外债，政府债务规模不断提升，因此及时掌握政府债务的具体情况，防范政府债务风险对于经济社会的发展愈发重要。政府会计提供的信息可以帮助管理者对政府债务进行管理，但是随着政府债务风险的不断提高，政府债务管理要求政府会计提供更加全面以及具体的政府债务信息。政府会计目前的核算基础有收付实现制和权责发生制，大部分国家政府会计在经济危机之前采用的是收付实现制的核算基础，但是在收付实现制下，费用和负债的确认是以是否发生现金支出作为标准的，也就是说只要没有发生现金支出，即使政府当期实际产生了费用和负债，也不予以确认。这样的话，政府很容易利用现金收付的时间来进行操控，造成管理者为了追求当期的政绩，通过操控现金收付的时间，减少当期的支出和负债，将支出时间推迟到未来。这就造成未来政府会承担巨额的支出，之前累积的政府债务风险会转移到未来，将会使政府遭受更大的债务风险，因此随着经济社会的不断发展，收付实现制容易使政府产生财政机会主义，不利于对政府债务风险的防范，收付实现制已经不能满足政府债务管理的需求。

经济危机之后，随着政府债务管理对政府会计要求的不断提高，许多国家开始对政府会计进行改革，将之前采用的收付实现制的核算基础逐步转变为权责发生制。在权责发生制下，只要政府实际产生了支出或费用，不管是否支出现金，都按照当期费用或债务处理，这样的话就可以避免管理者通过操纵将当期的费用或负债转移到未来，可以约束管理者的财政机会主义，而且权责发生制下政府会计提供的会计信息更加全面，可以将一些隐藏的债务信息也披露出来，相比于收付实现制，权责发生制下确认的债务信息更具有前瞻性，能够更加及时全面地反映政府的债务情

第3章 政府债务管理与政府会计相关概念及理论

况,可以使管理者及早识别政府债务风险并采取相应的措施。

(2)隐性负债风险管理要求政府提供隐性负债相关信息。随着政府举债规模越来越大,政府的隐性负债涉及的金额也越来越巨大,隐性负债已经成为影响政府债务风险的重要因素,因此要加强对隐性负债的管理。对于政府来说隐性负债主要包括公共建设项目的维护性支出、未来公共养老金、医疗和社会保障的支出等,因为这些支出是由政府在未来期间负担的。由于我国人口老龄化情况在未来会越来越普遍,因此未来公共养老金支出将会成为政府负担的重要责任,如果处理不好,会对政府财政的稳定性带来巨大的影响,引起财政风险。因此披露隐性负债的相关信息,是政府债务管理对政府会计提出的新的要求,只有对隐性负债进行详细的披露,政府管理者通过这些信息及时采取相应的措施,才能有效防范政府性债务风险,保障政府财政的可持续性。

(3)或有负债风险管理要求政府提供或有负债相关信息。伴随着经济全球化的不断发展,政府的或有负债不断增加,或有负债也成为影响政府债务风的重要因素,因此要加强对或有负债的管理。对于政府来说,或有负债是政府为公共部门和企业的债务和其他责任提供的担保,由于经济全球化的发展,企业的竞争越来越激烈,需要担保的企业也越来越多,担保的风险也随之提高,因此政府未来承担的担保责任可能是巨大的,这就会造成未来政府的公共支出剧增,加大政府的债务风险。要想有效控制政府债务风险,必须加强对或有负债的管理,对或有负债风险管理就要求政府会计提供或有负债的相关信息,因为只有对或有负债进行详细的披露,政府管理者才能够通过这些信息去了解政府债务的情况,不会因为对或有负债不了解而盲目乐观,进而采取相应的措施,有效防范政府债务风险。

（4）实现低成本融资要求政府会计给投资者、信用评级机构提供相关信息。前面我们知道，政府债务管理的目标之一就是获得较低成本的融资，为了完成这一目标，同样要求政府会计对政府债务的情况进行全面客观地披露。因为只有政府会计对政府的债务情况、财务情况等信息进行全面客观及时的披露，一方面信用评级机构能够利用这些信息，对政府的情况进行客观地评估，使政府获得好的信用评级，吸引更多的公共投资者，这样有利于降低政府的融资成本而且还可以促进资本市场的健康发展；另一方面投资者通过政府会计提供的信息，可以理性进行投资。因此政府债务管理的目标低成本融资也促使政府会计进行改革。

（5）政府会计要为中央政府提供关于地方政府债务管理的信息。由于经济危机之后，地方政府大量举借债务，随着债务规模的越来越大，地方政府的债务情况给国家财政以及经济带来了重大的影响，因此中央政府要加强对地方政府的债务管理，以防范政府债务风险，这就要求政府会计需要为中央提供关于地方政府债务的具体信息，使中央政府能够全面了解整体的债务情况，预估政府债务风险，通过采取相应的措施，有效防范政府债务风险。

综上所述，政府会计与政府债务管理之间互相影响，政府会计是政府进行债务管理的基础，政府会计通过提供全面及时客观的会计信息，可以帮助政府管理者对债务进行管理，有效识别可能存在的政府债务风险，通过采取相应的措施，对债务风险进行防范。另一方面，政府债务管理的发展对政府会计提出了新的要求，促使政府会计进行改革。因此政府会计决定政府债务管理的水平，政府债务管理反过来影响政府会计的改革。

3.4　政府会计改革相关理论基础

3.4.1　风险管控治理理论

风险管控治理理论最早应用于公司治理中，目的是对公司内部和外部存在的风险进行管控和治理。风险管控治理说是风险管控治理理论的源头，进行风险管控也就是通过对资源进行优化配置，对各方的利益进行协调，使各方的利益达到均衡，最终起到对风险进行管控以及对风险进行预警的作用。风险管控治理的过程中既要保证信息的公开透明，同时还要进行一些交流与沟通。新公共管理运动开展以来，对企业的管理方式逐渐被引进到政府的管理工作中来，政府的职能也逐渐由行政型政府转向服务型政府，这就使国家政府的风险管控治理慢慢向企业的风险管控治理靠近。随伴随着内外部环境日趋复杂化，政府将遇到越来越多的各种风险，国家为了应对这些复杂多变的风险，在政府管理中就需要将风险管控治理理论应用其中。党的十八届三中全会以来就开始逐步提出要提升国家治理能力，风险管控治理理论能够从理论上对国家的现代化治理提供有效的指导，能够满足国家现代化治理体系的需求。现阶段我国进行政府会计改革，也应当将风险管控治理理论作为理论指导，有效防范政府性债务风险。

3.4.2　风险管控治理理论与政府会计改革

风险管控治理理论目前主要应用于企业，用于防控企业内外部风险，随着新公共管理运动的发展，风险管控治理理论也被应用于现代化的国家治理体系中。2008年金融危机之后，我国的政府性债务风险逐渐提高，对于国家的长远发展产生了不利的影响。为了实现国家的可持续发展，需要对政府会计进行改革，使政府会计能够提供高质量的会计信息，全面反映政府性债务风险。人民赋予政府管理公共资源和行使行政权力，政府接受委托需要履行维护国家长治久安，保证经济社会稳定与繁荣。政府会计作为核算反映和监督政府及政府单位资金活动的专门会计，为政府进行公共管理和防范政府性债务风险提供决策信息。陈志斌（2014）认为，实现"管控治理"是政府会计的目标之一，政府会计改革之后不但要能够在经济活动方面提供服务而且在政治活动方面也要发挥相应的作用。政府及政府单位对政府会计进行积极的改革，目的是可以对政府性债务风险起到有效的防范和控制。运用风险管控治理理论对政府会计进行改革，不断完善政府会计体系，有效对政府性债务风险进行防范和控制，是不断推进国家现代化治理能力的重要措施。

3.4.3 公共受托责任理论

公共受托责任是指接受委托对"公共财产"进行经营管理的组织或者个人对这些财产进行经营管理以及报告的责任。社会公众作为受托者将国家的公共财政和公共资源交由政府进行管理，希望政府能够做到将资源的利用效率达到最大化，能够获得最大的效益，同时社会公众作为委托者还希望政府能够将行使权力以及对公共资源管理的效率性、经济性进行完全的披露，以便社会公众能够了解政府的受托责任履行情况。美国政府会计准则委员会（GASB）认为政府需要向社会公众反映其受托责任履行情况，具体包括公共资源如何取得，公共资源的使用情况以及使用效率等信息，政府想要获得可持续性的公众委托必须要对公众进行信息公开。政府在受托行使公共权力的过程中同时拥有了对公共资源的管理权，政府在受托履行责任的过程中，需要将受托责任的完成情况以及完成效率等信息反馈给社会公众，社会公众根据政府所披露的受托责任完成情况的信息，决定是否将公共财政和公共资源的执行权力委托给该政府。

3.4.4 公共受托责任理论与政府会计改革

社会公众将公共财政和公共资源委托给政府进行管理，同时要求对政府的受托责任情况进行考核，社会公众与政府之间的委托代理关系即为公共受托责任的具体体现。我国的所有者是人民，人民将公共财政和公共资源委托给我国政府进行管理，我国政府在对公共财政和公共资源进行管理的同时，需要向人民去反映其受托责任的履行情况，具体包括公共资金和资源的使用情况、使用效率以及政府债务的详细情况。之所以出现政府性债务风险就是因为政府没有很好地履行其受托责任，造成了政府失灵的情况。杨时展（1997）认为，会计产生的根本原因之一就是由于受托责任的存在，人们需要通过会计来了解受托责任的情况以及相关的信息。委托方与受托方对于委托事项履行情况之间的沟通与交流就是受托责任应有的体现，政府会计为社会公众提供会计信息，社会公众通过这些信息了解政府受托责任履行的情况及效率，同时为社会公众做出决策提供依据。也就是说会计是在受托责任的基础上发展而来，那么政府会计的发展也需要依托受托责任。我国从2008年金融危机以来，政府性债务风险上升较快，主要是因为政府会计没有完全反映政府的受托责任履行情况，是政府失灵的体现。因此需要加快我国政府会计改革的进程，有效防范政府性债务风险。

第4章

我国政府债务的基本现状、主要问题及成因分析

由于对我国政府债务影响较大的是地方政府债务,所以本书对于政府债务的研究,主要研究的是地方政府债务的情况。

4.1 政府债务的基本现状

4.1.1 政府债务发展历程

(1) 计划经济时期的债务管理。

第一阶段(1949—1957年)新中国成立初期,国内经济建设任务艰巨、通货膨胀严重,为确保重点建设项目投入,加快东北地区经济建设,东北行政委员会于1949年开始发行地方生产建设折实公债。次年,东北人民政府颁布《1950年东北生产建设折实公债条例》，成为新中国成立以来我国地方公债管理史上的初次尝试。虽然东北建设公债的发行及管理停留在比较宽泛、粗浅的层面上，缺少对公债规模、发行程序的详细规定，但仍为新中国成立初期地方公债的发行积累了一定经验。

第二阶段（1958—1960年）1958年第二个五年计划时期，中央开始扩大地方财政管理权限，出台《关于发行地方公债的决定》，允许各省、自治区、直辖市于1959年起在确有必要的时候，发行地方公债。同年6月5日《中华人民共和国地方经济建设公债条例》正式公布，对地方发行公债进行规范。该条例颁布后，江西、东北等省区根据自身情况，不同程度地发行了"地方经济建设公债"。但后来因各种原因，地方政府债券很快便被取消了。这一阶段地方政府债务的发行、管理不再由中央批准而是由地方政府及地方人民代表大会决策，并通过地方公债管理条例的形式对地方公债的发行数量、票面金额、利息利率、偿还期限等进行较宽泛的管理。

第三阶段（1961—1978年）以1961年中共中央批转财政部《关于改进财政体制、加强财政管理的报告》为标志，我国开始构建高度集中的计划经济体制。自此，地方政府举借债务的行为暂时停滞，处于地方政府债务管理及实践空白时期。

（2）市场经济时期的债务管理。

第一阶段（1979—1985年）1978年改革开放以来，我国开始逐步推行市场经济下的财政管理体制。地方政府收支管理权逐渐增强，部分地方政府开始举借债务。1979—1980年，全国共有4个市级政府和51个县级政府举借债务；1981—1985年，全国共有28个省级政府、56个市级政府、300个县级政府举借债务。然而这一时期国家对地方政府债务的管理仍处于空白状态。1958年出台的《中华人民共和国地方经济建债条例》没有明令作废或宣布无效，也无新的法规对地方政府举债行为进行规范，因此，这一时期地方政府债务行为不能界定为违规。由于这一时期地方政府举债仍不是普遍现象，中央未对地方政府债务进行管理，债务管理以自主管理为主。

第二阶段（1986—1993年）伴随地方政府财权的扩大以及发展经济积极性的不断提高，许多地方政府开始出现基本建设资金不足的情况，于是向中央要求发行地方政府债券，以筹集资金。但国务院于1985年出台《关于暂不发行地方政府债券的通知》，要求各地方政府不得发行地方政府债券，自此进入中央政府明令禁止地方政府发行债券时代，然而，并未明确提出地方政府不能举借债务。事实上，地方政府仍可以通过债券外的其他方式举借债务。1988年，国务院发布《国务院关于印发投资管理体制近期管理改革方案的通知》，提出组建6个国家专业投资公司，成为我国政府投融资平台公司雏形。其后，地方纷纷效仿成立地方性融资平台进行建设投融资，该模式逐渐成为地方政府举债的一种主要形式。该类债务属于公司债务的范畴，由投融资公司在企业内部对债务进行企业资产及债务的会计信息处理及经营管理，地方政府债务管理更多的是一种企业行为。

第三阶段（1994—2007年）这一阶段地方政府在政治竞争、社会管理和经济建设的压力下，普遍出现举借债务进行地方建设的行为，举债形式更加隐蔽，方式也更加多样。然而，地方政府将更多的精力用于债务扩张，而非债务管理。1995年实行的《中华人民共和国预算法》从国家法律的高度对地方政府举债行为进行禁止，同年颁布的《中华人民共和国担保法》明确规定，地方政府及其职能部门无权对经济合同进行担保，从法律层面堵住地方政府通过债券融资发展地方经济的可能性。但是，在引进外资的过程中，许多外国政府、国际金融机构和一些国内经济组织在签订融资合同时,都要求地方财政予以担保。地方各级政府迫于压力,不得不授意财政部门违规担保。2004年国务院发布了《关于投资体制改革的决定》,在合理界定政府投资职能、拓宽项目融资渠道、健全投资宏观调控体系方面做出了开放性规定,为地方投融资公司在更大范围内建立更广泛的融资渠道打开了方便之门。为了应对亚洲金融危机,中央为地方政府发债作了初步的铺垫。2004年,财政部专门成立了"地方政府债务管理"课题组,调查摸底各地方政府负债情况,并考察美国、日本、巴西等国地方债的管理模式、管理机构和惩罚机制。2006年9月,时任财政部部长的金人庆在向亚太经济合作组织(APEC)财长会议提交的报告中表示,中央政府正考虑在有限制的条件下,授权地方政府发行债券。这是财政部最高负责人第一次公开表态开放地方政府发债。

第四阶段(2008年至今)美国次贷危机引发的全球经济危机不断蔓延,世界各国包括中国都实行了以增发国债和扩大财政赤字为主要内容的积极财政政策,中国地方政府债务呈现"城投债"井喷的新态势。2009年国务院同意地方发行2000亿元债券,由财政部代理发行,列入省级预算管理。在各地纷纷扩大投资、增加政府支出的压力下,2000亿元的地方政府债券受到追捧。地方政府债务规模急剧膨胀引起了中央的重视,开始对地方政府债务、地方融资平台管理加以关注。2009—2011年中央先后出台了7个文件,对中央代发地方政府债券、财政担保行为、地方政府融资平台、地方政府发行债券试点等工作进行了规范性规定,开始尝试对地方政府债务进行全方位的管理及疏导。2011年人大会议上,吴邦国委员长提出"就防范地方政府债务风险进行专题调研"。2011年《政府工作报告》提出要"对地方政府性债务进行全面审计,实施全口径监管,研究建立规范的地方政府融资机制"。但这些要求都局限在政策层面，未上升到法律高度。与此同时，地方政府也开始对管理及化解现有债务做出努力。如天津市先后出台了《天津市城市基础设施投资建设开发企业发展和风险防控规定》《关于印发天津市政府债务管理暂行办法的通知》《关于印发〈天津市特定目的公司财务管理暂行办法〉的通知》《关于印发〈天津市特定目的公司投资项目管理暂行办法〉的通知》和《关于印发天津市特定目的公司持续发展和严格监管的意见的通知》，分别从财务管理、项目管理等方面对地方投融资平台进行了规范。近年来为缓解地方政府债务风险，国家有关部门多次进行政策调整，尤其是在地方政府独立发债的制度设计方面，已迈出了重要一步。2014年4月财政部颁布的《地方财政管理绩效综合评价方案》明确提出，改革财税体制，完善预算管理，强化地方债务管理，防范及化解地方政府债务风险。2014年5月，在财政部主导下，部分省市开始地方政府债券自发自还试点；8月，人大常委会表决通过修正的《中华人民共和国预算法》，赋予地方政府发行债券的权力；10月，国务院发布国发43号文件对地方政府融资机制和债务管理提出了明确要求，财政部随后拟定《地方政府性存量债务清理处置办法（征求意见稿）》，对政府性存量债务的分类清理和融资平台的转型处置提出了细化方案。随后《地方政府存量债务纳入预算管理清理甄别办法》出台，对于政府性存量债务的清理甄别提出了指导实际操作的技术规范，并强调了大力推广政府与社会资本合作（Public – Private – Partnership，PPP）模式。

4.1.2 政府债务的现状

从2008年金融危机以来，因为受到经济危机的影响，为了应对经济危机造成的经济下滑社会发展受阻等不良影响，我们国

第4章 我国政府债务的基本现状、主要问题及成因分析

家采用了"4万亿投资计划",许多地方政府为了配合国家积极扩张的财政政策,通过各种融资平台,大量举借债务,造成政府性债务风险持续上升。

为了全面摸清我国政府性债务的情况,审计署在2013年对中央31个省、5个计划单列市、391个市、2778个县、33091个乡的政府性债务情况进行了全面审计。

(1)我国政府性债务的规模层级。通过国家2013年底公布的《全国政府性债务审计结果》以及截至2014年1月,全国30个省公布的债务情况。从表4-1中可以看出,各种类型的债务从2012年底到2013年6月都是呈增长的趋势。其中政府负有偿还责任债务在2012年底和2013年6月,中央和地方的差距不是很大,但是政府负有担保责任债务中央和地方却呈现较大的差距,其中2012年底地方政府负有担保责任债务高达24871.29亿元,是中央政府的8.77倍,可见地方政府2012年年底政府负有偿还责任债务非常高,存在巨大的政府性债务风险。2012年底政府可能承担一定救助责任债务共59326.32亿元,总量也非常高,而且同样是地方高于中央,地方政府可能承担一定救助责任债务为37705.16亿元,中央为21621.16亿元。2012年底政府负有担保责任债务和政府可能承担一定救助责任债务共计87033.32亿元,占政府负有偿还责任债务总额的46%,将近一半,可见除了政府负有偿还责任债务,政府负有担保责任债务和政府可能承担一定救助责任债务的数额也很高,存在潜在的政府性债务风险。到2013年6月,政府负有担保责任债务总计29256.49亿元,其中,中央2600.72亿元,地方26655.77亿元,地方是中央的10.25倍,差距进一步加大,可见地方政府负有担保责任债务持续增加,这些债务并没有得到很好地监督和管控,政府性债务风险加剧。同样2013年6月政府可能承担一

定救助责任债务与政府负有担保责任债务相似，也是地方明显高于中央，地方高达 43393.72 亿元。政府负有担保责任债务和政府可能承担一定救助责任债务 2013 年 6 月合计 95761.05 亿元，总量依然很高，占政府负有偿还责任债务的比重依然高达近一半，政府性债务负担依然很重，政府面临较高的政府性债务风险。

表 4-1　　　　　全国政府性债务规模　　　　　单位：亿元

年度	层级	政府负有偿还责任债务	政府负有担保责任债务	政府可能承担一定救助责任债务
2012 年底	中央	94376.72	2835.71	21621.16
	地方	96281.87	24871.29	37705.16
	总计	190658.59	27707.00	59326.32
2013 年 6 月	中央	98129.48	2600.72	23110.84
	地方	108859.17	26655.77	43393.72
	总计	206988.65	29256.49	66504.56

由表 4-2 可以看出，2013 年 6 月地方各级政府债务中，市级政府债务合计 72902.44 亿元，在地方各级政府债务中占比最高，达到 40.75%，主要原因是由于我国目前采用的是分税制的模式，市级财政税收收入不能满足经济社会发展的需要，市级政府为了取得良好的政绩，为了实现发展，就会利用各种融资平台举借大量债务，造成地方政府债务剧增。从表 4-2 中还可以看出，省级政府债务中，负有偿还责任债务在总债务中占比仅 34.23%，而负有担保责任债务和政府可能承担一定救助责任债务总额高达 34158.91 亿元，是政府负有偿还责任债务的 1.92 倍，可见在省级政府债务中存在着大量的隐性债务和或有债务，表明省级政府隐藏的政府性债务风险最高，这些风险一旦产生，

将会产生非常不利的影响,对经济社会的发展都会产生巨大影响。

表4-2　　2013年6月底地方各级政府性债务规模及层级结构

单位：亿元

层级	政府负有偿还责任的债务	政府负有担保责任债务	政府可能承担一定救助责任债务	地方政府债务总规模	占比（%）	负有偿还责任债务的占比（%）
乡镇	3070.12	116.02	461.15	3647.29	2.04	84.18
县级	39573.60	3488.04	7357.54	50419.18	28.18	78.49
市级	48434.61	7424.13	17043.70	72902.44	40.75	66.44
省级	17780.84	15627.58	18531.33	51939.75	29.03	34.23
合计	108859.17	26655.77	43393.72	178908.66	100.00	60.85

从图4-1看出,从2012年底到2013年6月,全国政府性债务逐渐增加,特别是政府负有担保责任债务和政府可能承担一定救助责任债务这两类债务增速较快,政府债务的剧增,尤其是隐性债务和或有债务的不断增加,必然会对经济的可持续发展产生不利的影响,因此,需要采取措施来控制政府性债务的增加,防范政府性债务风险。

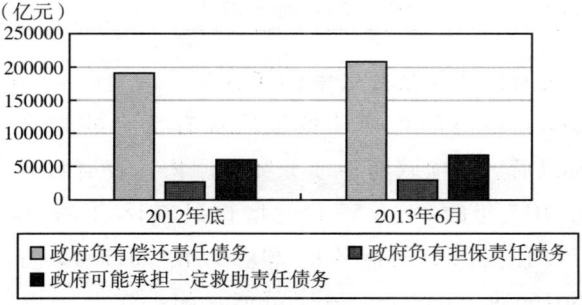

图4-1　全国性政府债务统计

（2）举借主体方面。由表 4-3 可以看出，截至 2013 年 6 月底，政府性债务总量达到 178908.66 亿元，规模较大，其中举借主体最主要的是融资平台公司，政府通过融资平台公司举借债务共计 69704.42 亿元，在所有举借主体中占比最高，高达 38.96%。这主要是由于 2008 年金融危机以来，国家为了刺激经济出台了"4 万亿政府投资计划"，各地政府加大了资金需求，纷纷利用各种融资平台举借债务，造成了政府债务的急剧增加。

表 4-3　2013 年 6 月底地方政府性债务举借主体情况　单位：亿元

举债主体	政府负有偿还责任债务	政府负有担保责任债务	政府可能承担一定救助责任债务	合计	占比（%）
融资平台公司	40755.54	8832.51	20116.37	69704.42	38.96
政府部门和机构	30913.38	9684.20	0	40597.58	22.69
国有独资或控股企业	11562.54	5754.14	14039.26	31355.94	17.53
经费补助事业单位	17761.87	1031.71	5157.10	23950.68	13.39
自收自支事业单位	3462.91	377.92	2184.63	6025.46	3.37
其他单位	3162.64	831.42	0	3994.06	2.23
公用事业单位	1240.29	143.87	1896.36	3280.52	1.83
合计	108859.17	26655.77	43393.72	178908.66	100.00

（3）政府性债务余额未来偿还方面。从表 4-4 可以看出，2014—2017 年政府的各项债务虽然都有下降的趋势，但是从 2018 年及以后，各项政府性债务突然剧增，政府负有偿还责任的债务从 2017 年的 8477.55 亿元增长到 2018 年的 20419.73 亿元，政府负有担保责任债务从 2017 年的 3519.02 亿元增长到 2018 年的 16669.05 亿元，政府可能承担一定救助责任债务从 2017 年的 2298.6 亿元增长到 2018 年 11706.75 亿元。可见债务

情况不容乐观，政府未来将面临巨额的债务，偿债压力剧增，这势必对经济和社会的可持续发展造成不利的影响，因此如何有效避免政府性债务风险是迫切需要解决的问题。

表4-4　　　　　2013年6月底地方政府性债务余额
未来偿债情况表　　　　　　单位：亿元

偿债年度	政府负有偿还责任的债务	政府负有担保责任债务	政府可能承担一定救助责任债务
2014	23826.39	7481.69	4373.05
2015	18577.91	5994.78	3198.42
2016	12608.53	4206.51	2606.26
2017	8477.55	3519.02	2298.6
2018年及以后	20419.73	16669.05	11706.75
合计	83910.11	37871.05	24183.08

（4）资金来源方面。银行贷款是地方政府最主要的融资方式，政府债务中有56.56%的银行贷款。地方政府举债方式也有更加多样化的趋势，其中还有1.5万亿元的BT（Build－Transfer，建设－移交）、1.8万亿元的债券、1.4万亿元的信托融资，共占全部债务的26.5%（见表4-5）。对于银行贷款，一个较为明显的特征是贷款融资在东部区域占比较高，中部次之，西部较低。具体来讲，贵州、内蒙古、山西、四川、甘肃、河南、宁夏和安徽等地的银行信贷占比较小，均小于50%，尤其是贵州省地方债中银行贷款仅占38%。BT负债占比较高的省区有贵州、四川、海南、广西、广东和福建，其中贵州BT占比达到27.3%。信托融资占比较高的省份，如山西省高达到了26%，其他信托融资占比较高的省市还有重庆、浙江、江苏。BT、信托等"影子融贤"的快速增长使政府债务或有风险增大。应付

未付款项是第五大融资渠道，平均占比为4.8%，利用该类方式融资占比较高的省份，如宁夏占比达到47.2%，内蒙古占比达到23.7%。

表4-5　2013年6月底地方政府性债务资金来源情况　单位：亿元

债权人类别	政府负有偿还责任的债务	政府或有债务		合计	占比（%）
		政府负有担保责任债务	政府可能承担一定救助责任的债务		
银行贷款	55252.45	19085.18	26849.76	101187.39	56.56
BT	12146.30	465.05	2152.16	14763.51	8.25
发行债券	11658.67	1673.58	5124.66	18456.91	10.32
其中：地方政府债券	6146.28	489.74	0.00	6636.02	3.71
企业债券	4590.09	808.62	3428.66	8827.37	4.93
中期票据	575.44	344.82	1019.88	1940.14	1.08
短期融资券	123.53	9.13	222.64	355.3	0.20
应付未付款项	7781.90	90.98	701.89	8574.77	4.79
信托融资	7620.33	2527.33	4104.67	14252.33	7.97
其他单位和个人借款	6678.41	552.79	1159.39	8391.59	4.69
垫资施工、延期付款	3269.21	12.71	476.67	3758.59	2.10
证券、保险业和其他金融机构融资	2000.29	309.93	1055.91	3366.13	1.88
国债、外债等财政转贷	1326.21	1707.52	0.00	3033.73	1.70
融资租赁	751.17	193.05	1374.72	2318.94	1.30
集资	373.23	37.65	393.89	804.77	0.45
合计	108859.17	26655.77	43393.72	178908.66	100.00

（5）债务投向方面。政府的举债资金主要投资于市政建设、交通运输设施建设、土地收储、保障性住房等基础性、公益性项目（见表4-6）大部分地区债务以市政建设领域为主，如天津、上海市政建设占比最高，基本在50%以上；湖北、江苏和广东占比也比较高，近40%。但部分基础设施落后的中西部省份债务以交通行业债务为主。如山西高达57.8%，陕西达45.5%，河北、福建和云南在35%—40%。用于土地收储占比较高的是4个直辖市，北京44.4%、上海22.5%、天津19.2%、重庆16.8%。

表4-6　　　　2013年6月底地方政府性债务余额支出投向情况

单位：亿元

债务支出投向类别	政府负有偿还责任的债务	政府或有债务		合计	占比（%）
		政府负有担保责任的债务	政府可能承担一定救助责任的债务		
市政建设	37935.06	5265.29	14830.29	58030.64	34.64
土地收储	16892.67	1078.08	821.31	18792.06	11.22
交通运输设施建设	13943.06	13188.99	13795.32	40927.37	24.43
保障性住房	6851.71	1420.38	2675.74	10947.83	6.54
教科文卫	4878.77	752.55	4094.25	9725.57	5.81
农林水利建设	4085.97	580.17	768.25	5434.39	3.24
生态建设和环境保护	3218.89	434.60	886.43	4539.92	2.71
工业和能源	1227.07	805.04	260.45	2292.56	1.37
其他	12155.57	2110.29	2552.27	16818.13	10.04
合计	101188.77	25635.39	40684.31	167508.47	100.00

（6）债务指标方面。截至 2012 年底，全国政府负有偿还责任债务的债务率为 105.66%，有 3 个省级、99 个市级、195 个县级、3465 个乡镇政府负有偿还责任债务的债务率高于 100%。若将政府负有担保责任的债务按照 19.13%、可能承担一定救助责任的债务按照 14.64% 的比率折算，总债务率为 113.41%，处于国际货币基金组织确定的债务率控制标准参考值范围之内。全国政府负有偿还责任债务的逾期债务率为 5.38%，除去应付未付款项形成的逾期债务后，逾期债务率为 1.01%；政府负有担保责任的债务、可能承担一定救助责任的债务的逾期债务率分别为 1.61% 和 1.97%，均处于较低水平。全国有 99 个市本级、195 个县级、3465 个乡级政府负有偿还责任的债务率高于 100%，超过 100% 的市级政府中分布在云南的最多，达 7 个，分布在广东、广西、河北、山西和四川的均有 6 个，差距不大；而超过 100% 的县级和乡镇政府的分布则有明显的差异，其中四川、内蒙古和贵州分别有 30 个、29 个和 25 个县级政府超过 100%；乡级政府债务率超过 100% 的分布为：四川 634 个、湖北 443 个、湖南 293 个、河北 252 个。各省公布的省级政府债务率均低于 100%，总债务率高于 80% 的有：北京、重庆、贵州、云南、湖北、上海、吉林、海南和河北；内蒙古与四川、湖南、天津、辽宁，总债务率位于 70%—80%，属于第二梯队；陕西、浙江、江苏、广东、广西、青海、福建和山东，总债务率在 55%—70%，属于第三梯队；甘肃、河南、宁夏、山西、安徽、黑龙江、新疆的总债务率均小于 55%，属于第四梯认。对于政府可能承担定求助责任的债务通期率，内蒙古最高，达 28.31%（见表 4-7）。

第4章 我国政府债务的基本现状、主要问题及成因分析

表4-7 截至2012年年底全国30个地区债务负担情况

指标省份	债务率(%)①	总债务率(%)②	逾期债务率(%)③		
			④	⑤	⑥
北京	98.93	99.86	0.14	1.67	0.03
贵州	83.62	92.01	2.28	2.03	3.11
湖北	77.64	88.00	1.91	2.92	3.49
云南	77.14	91.01	4.09	5.44	1.49
上海	76.12	87.62	0.01	0.28	0.00
吉林	75.98	84.13	1.79	1.29	3.12
四川	71.58	77.65	3.19	3.39	5.20
海南	70.18	81.03	0.24	0.45	1.77
重庆	69.90	92.75	2.46	0.45	3.37
辽宁	68.78	71.40	2.56	0.84	3.15
内蒙古	68.39	77.18	3.66	1.98	28.31
河北	66.94	80.62	2.56	3.08	4.71
浙江	63.48	66.11	0.15	0.14	0.32
湖南	60.33	74.17	4.10	5.58	4.04
天津	57.46	72.45	0.00	0.04	1.42
陕西	56.78	68.64	3.65	3.11	0.91
青海	55.15	57.79	0.78	1.25	2.46
广东	54.41	59.41	1.9	3.39	1.55
江苏	53.62	60.34	1.38	0.87	2.14
江西	53.10	68.05	1.55	1.13	8.59
福建	49.85	55.47	0.94	1.83	0.56
山东	48.77	55.22	2.76	0.91	8.82
广西	47.70	57.86	1.88	0.99	1.94
新疆	45.93	54.53	2.55	0.81	1.58
黑龙江	45.86	54.41	2.36	1.10	5.31

续表

指标省份	债务率 (%)①	总债务率 (%)②	逾期债务率 (%)③		
			④	⑤	⑥
河南	45.39	48.01	3.40	7.04	3.62
安徽	44.65	52.96	2.44	1.00	3.17
甘肃	40.38	46.99	2.98	10.27	3.55
宁夏	39.54	50.48	2.41	0.16	6.80
山西	33.00	52.55	1.94	0.470	8.19

注：①债务率：年末债务余额与当年政府综合财力的比率，是衡量债务规模大小的指标。

②总债务率：按照2007年以来，各年度全省（自治区、直辖市）政府负有担保责任的债务和可能承担一定救助责任的债务当年偿还本金中，由财政资金实际偿还的最高比率折算后的总债务率。

③逾期债务率：年末逾期债务余额占年末债务余额的比重，是反映到期不能偿还债务所占比重的指标。

④政府负有偿还责任债务除去应付未付款项形成的逾期债务后的逾期债务率。

⑤政府负有担保责任债务的逾期债务率。

⑥政府可能承担一定救助责任债务的逾期债务率。

资料来源：2014年全国30个省级行政单位（西藏没有公布数据，并且不包含港澳台地区）公告的地方政府性债务审计结果。

4.2 政府债务的特征

4.2.1 债务规模较大

如前所述，审计署审计公告显示：截至2013年6月底，全国地方政府负有偿还责任的债务108859.17亿元，负有担保责任的债务26655.77亿元，可能承担一定救助责任的债务43393.72亿元，地方政府债务合计178908.66亿元，占同期CDP的

第4章 我国政府债务的基本现状、主要问题及成因分析

72.1%。在政府负有担保责任的债务中，包括了全额拨款事业单位为其他单位提供担保形成的债务383.52亿元；在政府可能承担一定救助责任的债务中，包括了地方政府通过国有独资或控股企业、自收自支事业单位等新的举债主体和通过BT、融资租赁、垫资施工等新的举债方式为公益性项目举借，且由非财政资金偿还的债务19730.13亿元。

除审计署公布的审计公告，各研究机构对我国地方政府债务规模虽均有不同估计，但其公布的数据也都相当可观。惠誉评级根据自身统计估算，2012年年底中国地方政府债务规模为12.85万亿元。野村证券通过对869家融资平台公司的财务报表进行分析，估计2012年中国地方债务总额为19万亿元。2012年底，渣打银行在其报告《亚洲债务大起底》中估计中国地方政府债务总量为19万亿—20万亿元。里昂证券在2013年5月发布对中国地方政府债务的估计为18万亿元。2013年9月高盛的报告估计中国地方政府债务总额为15万亿元。2013年年底华泰证券以自身的行业研究为基础，在其报告中估计中国地方政府债务为16.3万亿元。据中国社科院发布的《中国国家资产负债表2013》测算，地方政府债务规模达到19.94万亿元。

地方政府的隐性债务规模也十分庞大，对债务规模的估计，是不能将隐性债务项目排除在外的，否则是不完整的。社科院发布的《中国养老金发展报告2012》报告显示，我国的养老保险基金缺口巨大，2011年新增补贴高达22亿元，财政累计补贴金额达12526亿元。2011年全国养老基金中，有14个省份出现收不抵支的情况，整个收支缺口高达767亿元。社科院发布的《中国养老金发展报告2014——向名义账户制转型》中称：以2012年为基准，社会统筹账户的隐性债务为

83.6万亿元,个人账户的隐性债务为2.6万亿元,合计城镇职工基本养老保险统账结合制度下的隐性债务为86.2万亿元,占2012年GDP的比率为166%,养老金"空账运行"问题十分严重。在《化解国家资产负债中长期风险》中预测,到2050年,中国养老基金的财政补贴将占到当年财政收入的20%以上,从未来看收支平衡问题比较突出,不确定性很大。随着老龄化进程加快,养老金收支矛盾也将日趋严峻,造成巨大的财政压力。

4.2.2 债务增速过快

省级政府举借债务的起始年集中在1981—1985年,期间有28个省级政府开始举债;市级和县级政府举借债务的起始年集中在1986—1996年,这一期间共有293个市级和2054个县级政府开始举借债务。至1996年年底,全国所有省级政府、90.05%的市级政府和86.54%的县级政府都举借了债务。[①] 截至2010年年末,我国3000多个县级以上的地方政府中,只有54个县级政府没有举借债务,其余的地方政府都存在规模不等的政府性债务。从1998—2010年,地方政府债务规模的平均增长速度为33.87%,其中1998年和2009年的增长速度分别高达48.20%和61.92%,而同期地方财政收入的平均增长速度为18.74%,仅为债务增长速度的一半左右,同期GDP的平均增长速度为9.8%,仅为债务增长速度的1/3。[②] 国务院发展研究中心2003年根据对全国各级地方政府债务类别测算数据,做出了最粗略的

---

① 根据《中国统计年鉴2010)》的统计数据。
② 邢治斌,仲伟周,丁晓辉.我国地方政府债务膨胀的诱因及其治理[J].财政金融研究,2014(1).

计算：当时地方政府债务至少在 1 万亿元以上。① 2008 年以来我国地方政府债务规模急速膨胀，年均增速达到 29%，远远高于 GDP 的增长速度，债务负担逐年加重（见表 4-8）。② 2011 年 3—5 月，审计署第一次全面审计了全国省市县三级地方政府债务，结果显示：截至 2010 年，全国地方政府性债务余额 107174.91 亿元，同比增长，45.26%。2012 年 11 月至 2013 年 2 月，审计署第二次对 15 个省会城市本级、3 个直辖市本级及其所属的 15 个省会城市本级、3 个市辖区政府性债务情况进行了审计，结果显示：截至 2012 年年底，36 个地方政府本级政府性债务余额 38475.81 亿元，比 2010 年增加 4409.81 亿元（其中 12 个地方政府本级减少 1417.42 亿元，24 个地方政府本级增加 5827.23 亿元），增长 12.94%。2013 年 8—9 月审计署第三次对全国中央、省级、市级、县级、乡镇政府性债务进行全面审计，结果显示：截至 2013 年 6 月底，省市县三级政府负有偿还责任的债务余额 105789.05 亿元，比 2010 年底增加 38679.54 亿元，年均增长 19.97%。其中：省级、市级、县级年均分别增长 14.41%、17.36% 和 26.59%。

表 4-8　　2007—2013 年我国地方政府债务规模情况　　单位：亿元

年份	2007	2008	2009	2010	2011	2012	2013
债务规模	45762.52	57111.09	79636.29	107174.91	133512.13	158858.32	219009.34

注：2011 年和 2013 年年末地方政府（不包含港澳台地区）债务余额为估算数。

---

① 国务院发展研究中心地方政府债务课题组. 万亿债务成经济安全"头号杀手"[N]. 21 世纪经济报道，2004-02-26.

② 国家发展改革委投资研究所课题组（2013）；审计署 2013 年 12 月 30 日《全国政府性债务审计结果》公告；张同功. 新常态下我国地方政府债务风险评价与防范研究 [J]. 宏观经济研究，2015（9）.

分地区来看，福建、甘肃居于前列，分别增长了23%和20%；安徽、山西、湖北、浙江、河南增速也超过16%，新疆、四川、江苏、海南超过全国地方政府债务增速的平均水平。个别地区政府负有偿还责任的债务增速特别快，如甘肃、福建地方政府负有偿还责任的债务分别增长了30%和28%。市级和县级政府债务的平均增速分别为17.36%和26.59%，低层级政府债务的总体增速均高于上一层级政府的增速，信用资质存在较为明显的下移趋势。

4.2.3 区域分布失衡

从债务规模的角度看，东部地区占负债总额的将近一半，其中江苏、广东、上海、北京、辽宁和山东占比较高；中、西部地区共同占剩下的近50%，其中四川、重庆、湖南、湖北占比较高。从债务负担的角度看，部分地区的债务总额可能比较大，但由于经济规模较大，财政收入相对稳定，因而债务负担相对较小。而些地区虽然债务总额不高，但由于经济规模和财政收入相对较小，债务负担仍然较重。具体而言，若以债务总额占CDP比重指标（以2013年6月债务余额占2013年全年GDP之比）衡量，江苏、广东作为全国最发达、经济规模最大的省份，两省的政府性债务总额均超过了1万亿元，占GDP比重分别为25%和16%。宁夏、青海和海南的政府性债务总额均在2000亿元以下，占CDP比重分别高达31%、50%和45%。全国范围内债务负担最重的6省区（贵州、重庆、云南、青海、甘肃、海南）均属于西部地区，山东、广东、浙江、福建和江苏的债务负担低于全国平均水平（见表4-9）。

第 4 章 我国政府债务的基本现状、主要问题及成因分析

表 4-9　全国 30 个省区市债务总额、债务负担水平与城镇化率一览

省区市	各省债务总规模（亿元）	各省占比（%）	2013 年 GDP（亿元）	债务总额/GDP（%）	城镇化率（%）
江苏	14768.74	8.3	59161.8	24.96	62.85
广东	10165.37	5.7	62164.0	16.35	67.76
四川	9229.62	5.2	26260.8	35.15	44.90
上海	8455.85	4.7	21602.1	39.14	88.02
湖南	7737.29	4.3	24501.7	31.58	47.96
湖北	7680.78	4.3	24668.5	31.14	54.51
辽宁	7590.87	4.2	27077.7	28.03	66.45
北京	7554.14	4.2	19500.6	38.74	86.30
河北	7514.76	4.2	28301.4	26.55	46.51
重庆	7360.27	4.1	12656.7	58.15	58.34
山东	7107.80	4.0	54684.3	13.00	52.17
浙江	6928.37	3.9	37568.5	18.44	62.96
贵州	6321.81	3.5	8006.8	78.95	37.83
陕西	6093.79	3.4	16045.2	37.98	51.31
云南	5954.83	3.3	11720.9	50.81	39.31
河南	5541.94	3.1	32155.9	17.23	42.40
安徽	5297.32	3.0	19038.9	27.82	47.86
天津	4833.74	2.7	14370.2	33.64	78.28
内蒙古	4542.07	2.5	16832.4	26.98	58.71
福建	4381.88	2.4	21759.6	20.14	60.76
广西	4329.25	2.4	14378.0	30.11	44.82
吉林	4248.36	2.4	12981.5	32.73	54.20
山西	4178.50	2.3	12602.2	33.16	52.56
江西	3932.49	2.2	14338.5	27.43	48.87

续表

省区市	各省债务总规模（亿元）	各省占比（%）	2013年GDP（亿元）	债务总额/GDP（%）	城镇化率（%）
黑龙江	3588.12	2.0	14382.9	24.95	56.90
甘肃	2961.47	1.7	6268.0	47.25	40.13
新疆	2746.15	1.5	8510.0	32.27	44.47
海南	1410.84	0.8	3146.5	44.84	51.10
青海	1057.65	0.6	2101.1	50.34	48.51
宁夏	791.00	0.4	2565.1	30.84	52.02

数据来源：全国30个省区市（不包含港澳台地区和西藏）债务数据来自各地审计部门网站，城镇化率和GDP数据来自各地年度政府工作报告。

从债务层级角度看，经济不发达地区中省级负债占比较高，经济发达地区中区县负债占比较高的特征。如广东、江苏、山东、上海和浙江等经济发达地区省级债务占比普遍较低，而市级和县级政府债务占比普遍较高，其中，浙江省级债务占比最低仅为2.62%，但市级和县级债务占比却高达30.47%和62.30%。部分中西部地区由于省级政府或国有企业在经济中占主导地位，政府债务主要集中在省级层面，其中山西、青海、甘肃、新疆、陕西等省区本级政府债务占到50%左右，如山西的省级债务占比高达62.44%，而市级和县级政府债务较小。整体来讲，各地方政府中乡镇债务占比较低，平均2%左右，个别地区乡镇债务占比相对较高，如江苏（6%）、浙江（5%）、广东（4%）。与地方财力直接挂钩的负有偿还责任债务，其在不同层级的占比结构差别比较大，省级较低，为34.23%，市级66.44%、县级78.49%、乡镇84.18%，这反映出层级越下沉，债务偿还对财力的需求越大，这与中国目前地方基层政府财力吃紧形成"倒挂"局面。低层级政府由于其财政收入来源更为单一、灵活度较差使其债务风险也更为严峻。

4.2.4 债务关系复杂

地方政府融资平台的存在,使通常债权债务的双边关系变为"地方政府—政府融资平台—银行或资本市场"的多边关系。2010年年底,全国23个省、5个自治区、4个直辖市、333个地级市、2858个县区和40858个乡镇分别通过6500—8200个地方融资平台公司进行政府性债务的举借。① 审计署公布的《全国政府性债务审计结果》显示,截至2013年6月底,融资平台公司仍是地方政府债务的主要举借主体,7170个融资平台公司负有偿还责任的债务40755.54亿元,占37.44%;负有担保责任的债务8832.51亿元,占33.14%;可能承担一定救助责任的债务20116.37亿元,占46.36%。如重庆38个区县共有175个融资平台公司,平均资产负债率为51.83%,融资平台公司中政府负有偿还责任的债务达2369.66亿元。

融资平台是一种准财政机构(Quasi-fiscal institutions),由地方政府及其部门和机构等通过财政拨款或注入土地、股权等资产设立,承担政府投资项目融资功能,并拥有独立法人资格的经济实体。融资平台大多以城市建设投资公司、城建开发公司或城建资产经营公司的形式存在,地方政府赋予其相应的道路、公用事业收费权。地方政府在必要时还以提供财政补贴、担保或者项目回购作为附加的还款承诺,以顺利完成筹资目的,进而将资金运用于市政建设、公用事业等项目。这些融资平台公司,往往只负责融入资金,不负责资金投入和回收,其还款也主要依赖于本级政府的财政补贴和部分项目回报。融资平台法人治理结构存在

---

① 饶云清,张海波. 我国地方政府债务风险分析[J]. 上海金融,2014(4).

先天性缺陷，虽然名为独立法人，但无论从资产关系、财务管理、经营决策还是人事安排上，都与地方政府纠缠不清。实际上，融资平台与政府部门往往是"一套人马，两块牌子"，其运营和发展取决于地方政府的安排。银行甚至地方政府都倾向于将融资平台公司视为地方政府投融资的"工具"，并非真正的经济实体。银行贷款、城投债发行都获得地方政府或政府信用的直接担保或隐性担保，已构成地方政府事实上的隐性债务。然而政府对融资平台的管理存在很大漏洞，政府融资平台背后的关系错综复杂，使地方债务融资过程和融资关系都变得扑朔迷离。融资平台的项目融资主体、资金运用主体与项目实施主体互相分离，经过政府担保或变相担保由融资平台借入的债务，无法明确界定债务的责任主体及相关的管理和偿还责任，造成了大量融资平台债务置身现行财政体系之外而独成一脉。

4.2.5 债务监管缺位

（1）地方政府负债融资管理权分散。我国尚未建立专门的债务管理机构，地方政府债务分散管理、分散决策、分散使用几乎成为目前地方政府融资的一大"特色"。尽管地方财政部门在制度上被明确授予全面管理政府债务的职能，但事实上地方财政部门只对部分直接由财政部门偿还的债务（如国债转贷、外债、专项借款、农业综合开发贷款、财政周转金等）进行管理，且管理也主要局限于简单的统计、资金划拨、预算拨款等事后管理。财政部门内部的债务管理职能也被分割到多个处室，它们之间又往往缺乏密切配合和协调。在财政部门外，一些政府部门具有某些债务的管理权，如发改委对投融资领域政府债务的管理权，一些地方临时成立的各类与债务管理有关的领导小组，贷款资金管理委员会等享有部分债务的管理权，有的甚至是举债单位

第4章 我国政府债务的基本现状、主要问题及成因分析

自行发债和管理。融资管理权分散的局面，造成了债务资金"借、用、还"各环节脱离了预算，也脱离了上级政府、同级人大和社会公众的监督和约束。同时，也会造成不同部门政令及法规相违背甚至相反的情况，例如2009年中国人民银行发布《关于进一步加强信贷结构调整促进国民经济平稳较快发展的指导意见》，鼓励组建地方投融资平台，而2010年国务院又下达《加强地方政府融资平台公司管理有关问题的通知》，则要清理整顿地方投融资平台。分散的管理很难对债务的风险有一个统一的、准确的认识，各级政府管理权限及管理范围不明确，缺少量化的债务规模、风险指标体系对地方政府能否继续举债、能够举多少债务等进行判断。我国现有地方政府债务管理文件，更多的是对地方政府债务"定性"的管理及规范，缺少详尽可靠、可量化的技术指标及技术参数作为管理依据，使债务管理的决策缺乏科学性。

（2）地方政府负债融资的权责不清。由于有国家财政兜底的原因，地方政府举债几乎没有还款的压力，对政府性债务的内涵认识尚不清晰，只注重借，不注重还，很少考虑到所持债务的风险，偿债责任难以落实。目前因缺少法规及文件对债务举借资格、债务举借前的准备、债务发行程序，以及事后的债务偿还、风险防范等问题进行规范，现有地方政府债务管理更多属于"事后管理"，难以对债务风险做到事前预防。地方政府负债融资的权责不清，直接造成部分地方和单位违规融资、违规使用政府性债务资金的情况。2013年《全国政府性值债务审计结果》也对此进行了披露：部分地方违规通过BT、向非金融机构和个人借款等方式举借政府性债务2457.95亿元；地方政府及所属机关事业单位违规提供担保3359.15亿元；融资平台公司等地方政府单位违规发行债券423.54亿元；《国务

院关于加强地方政府融资平台公司管理有关问题的通知》下发后，仍有533家只承担公益性项目融资任务且主要依靠财政性资金偿还债务的融资平台公司存在继续融资行为；财政部等4部委2012年年底明确要求地方政府规范对融资平台公司的注资行为后，仍有部分地方将市政道路、公园等公益性资产和储备土地等以资本金形式违规注入71家融资平台公司，涉及金额544.65亿元；部分地方违规将债务资金投入资本市场22.89亿元、房地产市场70.97亿元和用于修建楼堂馆所41.36亿元。

4.2.6 债务透明度低

国际货币基金组织（IMF）于1997年制定了数据公布通用系统（General Data Dissemination System，GDDS），旨在向成员国提供一套财政预算数据披露方面的指导标准。我国虽然已经加入GDDS，但在内容发布方面存在许多缺陷。2006年3月，经济合作与发展组织（OECD）在一份名为《中国公共支出面临的挑战》的报告中称，中国预算外支出以及其他没有被官方统计和认可的制度外支出的数目相当巨大，过度依赖于预算外支出使中国财政支出严重缺乏透明度。2012年，国际预算伙伴（International Budget Partnership，IBP）对全球100个国家的财政预算透明度进行了分析，结果显示：中国居第85位，得分11分（满分100），远低于全部受调查国家的平均分43分，不仅低于发达国家，甚至低于一些发展中国家。

上海财经大学公共政策研究中心的《中国财政透明度评估2014》（以2012年省、自治区、直辖市本级财政决算数据为调查对象）显示，我国省级财政透明度从整体水平上来看仍然差强人意，31个省区市只公开了全部调查信息中不足1/3的信息。

31个省区市财政透明度换算为按百分制计算的得分平均仅为32.68分。在预算管理不透明的诸多表现中，公共财政决算表中神秘的"其他类"金额过高，也只是其中的冰山一角。如在2012年、2013年度内蒙古公共财政主要支出前六位的项目中"其他"支出的占比最大。从2012年起，清华大学公共经济、金融与治理研究中心每年定期推出《中国市级政府财政透明度研究报告》。2015年的报告指出：对294个城市政府预算与预算执行的透明情况得分占该部分满分百分比的情况进行分析，294个城市中只有55个市政府得分达到总分的60%以上，所有城市的平均得分仅占该部分满分的33.93%。

在我国财政透明度整体偏低的大环境下，债务信息的反映也是分散的、零碎的。我国目前还没有能够全面、系统地反映政府举债活动的政府债务报告，各地方政府对债务认定和数据采集没有统一的标准，相关债务数据缺乏可比性，无法给出一个完整的"全景"呈现。姜宏青、王硕（2012）在其整理分析的28个样本中，仅福建省有专门的"债权债务变动情况表"来反映债务的变动情况及其他相关问题，但该报表列为秘密级管理，仅供内部使用。[①] 南京市财政局也要求辖内的省属投资公司、融资平台定期报送"债务余额统计表""担保情况表""逾期债务表"，但也没有做到信息披露。《2013年中国市级政府财政透明度研究报告》对285个地级市和4个直辖市进行考察发现，报告指出：仅淮北和遵义两个城市，也即0.69%的市级政府公布了其债务余额和还本付息的情况。《2014年中国市级政府财政透明度研究报告》涉及全国285个地级市和4个直辖市的财政透明度研究，

---

① 姜宏青，王硕．我国地方政府债务管理制度实证研究［J］．华东经济管理，2012（10）．

报告指出：政府性债务公布情况较差，有分数城市只有15个。《2015年中国市级政府财政透明度研究报告》的研究范围再次扩大，包括全国290个地级市、4个直辖市和358个县级市，报告指出：在其他重要财政信息公开方面，政府性债务的公开情况最差，除了北京、广州、上海、天津、宁波、厦门外，其他城市都未公布政府性债务和举债资金使用情况。从2014年1月23日起，各省、自治区、直辖市的审计厅（局）陆续公布了各省份政府性债务审计结果，这是全国省级审计部门第一次集中对外公布地方债。现有的公共财政预算与部门预算编制中，对于储务资金的来源、资金构成、投资项目等信息无法进行详细说明和按露，为地方政府性债务资金的监管增添了很大的难度。例如披露债务数据不完全，没有包含全部既有债务，对债务收入只划分国内债务收入和国外债务收入，对外债和内债采用不同的披露标准。在支出项目中没有体现出债务资金的具体使用方向。部门预算公开主要是功能分类账本，并没有公开支出的经济分类，对于债务资金的使用情况依旧没有进行充分的说明。对于或有债务，预算报告中既无定量分析，也无定性判断，更没有对财政风险的定期评估。

4.3 新常态下地方政府债务存在的主要问题

习近平总书记在2013年的中央经济工作会议上第一次提出了"新常态"，在新常态下，中国经济具有产业结构调整、经济增长速度转换、资源配置方式转换等内涵和特征，面对新常态下的中国经济，给政府债务带来了诸多的挑战。在经济新常态下，我国政府债务目前仍然存在诸多问题，特别是地方政府的债务问题较为突出，下面主要探讨地方政府债务存在的主要问题，通过对地方政府债务存在的问题进行分析，为政府债务管理以及政府债务风险的防范打下基础。

4.3.1 地方政府举债方式不规范

2014年9月，国务院才颁布了《关于加强地方政府性债务管理的意见》，10月，财政部颁布了《地方政府存量债务纳入预算管理清理甄别办法》，也就是从这时候开始，国家才对我国地方债务进行了合法化以及规范化的管理。但是在2014年之前，虽然地方政府举债是不合法的，但是由于经济危机带来的影响以及其他客观原因，地方政府普遍存在举借债务的情况，而且举债规模普遍较大。由于地方政府举债不合法，使地方政府在举借债务的时候没有对应的法律法规对其进行约束，没有统一规范的举借方式、途径和程序可以遵循，造成地方政府举借债务的方式众多，出现多头举债、举债程序不公开，造成大量政府债务隐秘化，而且在举债过程中缺乏较为系统的监管流程，未能建立起地方债务偿还保障机制。因此由于我国对于地方政府债务管理的法律法规颁布的较晚，使地方政府在相应的法律法规出台之前无法可依，地方政府盲目举借债务，导致地方政府举借债务方式极其不规范，大量债务被隐藏，不利于债务的管理以及债务风险的防范。

4.3.2 地方政府债务监管制度不健全

由于之前地方政府举借债务不合法，许多地方政府举借债务隐秘化，造成地方政府债务信息不完整，对于地方政府举借债务的过程并没有系统、规范的监督机制。目前我国地方政府债务举借方式多种多样，有些地方政府通过地方融资平台举借债务,有的通过商业银行,还有的通过较高利息吸引储蓄来举借债务,等等。由于举借方式的多元化,使地方债务信息缺失严重,无法对外进行披露,因此对其进行监管也较为困难。这就造成很多地方政府债务是一本糊涂账,例如地方政府到底举借了多少债务,这些债务被用于哪些项目,如何使用这些债务,使用过程如何监管,后期如何保障偿还债务等问题都无法回答,信息不透明、整个地方债务举借的过程缺乏系统有效的监管,使地方债务举借出现无序状态,使用出现混乱状态,监管出现确实状态,偿还出现无保障状态。地方政府债务虽然存在时间很久,但是长期以来呈现无法可依、借贷无序、监管无人的状态,由于长期以来地方政府举借债务并不合法,所以对于地方政府债务管理并没有纳入财政预算管理,因此对于地方政府债务的监管制度处于缺失状态。

4.3.3 地方政府债务规模庞大

为了实现经济持续发展,中国经济新常态的内涵之一是调整产业结构,这同时也是经济增长由规模速度型粗放增长向质量效率型集约增长转变的要求。要实现产业结构的调整与升级,需要从以下几个方面做起:第一,需要技术升级的创新与突破;第二,产业的发展要遵循绿色生态文明的标准,以往过分依赖资源和高投入的产业需要朝提升质量增加效率的方向转变;第三,推动区域经济发展,需要通过刺激消费、加大投入、转变观念、创新制度、提升公共服务水平,等等。可以通过这些措施来调整产业结构,但是如果这些措施全部通过市场来实现,短时间内会给经济带来巨大的影响,造成失业等不良影响,因此为了缓解产业转型带来的短期不利影响,就需要政府来进行调节,这就会使政府财政支出增加,带来政府债务规模的增加。

4.3.4 地方政府债务偿还压力繁重

目前我国地方政府债务规模相当庞大,而且金额还在持续增长,据统计现阶段我国地方政府通过融资平台举借的债务已经超过6万亿元,而且债务增长的速度超过GDP增长速度和财政收入增长速度。而且政府债务超60%以上是需要偿还的债务,只有按时偿还政府才能够建立良好的信用,为持续举借债务打下基础,否则如果不能继续举借债务,政府将陷入巨大的财政风险中。随着中国经济进入新常态,经济增长速度逐渐下降,这虽然与经济发展规律相适应,但是政府债务的偿还是以未来的财政收入作为保障的,经济增长的减速必然会影响地方政府未来的财政收入,会对债务的偿还造成影响,给地方政府债务的偿还带来新的挑战。

4.3.5 地方政府债务风险巨大

政府债务风险不仅指的是财务风险,还会带来政治风险,一旦发生政治风险将会带来巨大的社会影响,不仅会对社会的稳定产生不利影响,甚至影响到国家的正常运转。政府债务风险主要表现为:第一,或有债务在政府债务中所占比重较大,并且没有被披露,存在较大的风险。我国地方政府债务规模巨大,是因为在经济体制转轨过程中地方政府逐渐积累形成的,这些债务中不仅有地方政府举借和担保形成的直接债务,还包括或有债务,这部分或有债务所占比重较大,具有隐蔽性,存在于财政监督之外,近年来或有债务转化为直接债务的比率逐渐增高,一旦转化为直接债务,最终还是由政府来偿还,会加重政府的债务负担。第二,没有建立完善的债务预警机制。这主要有两方面原因,第一是地方政府如果对于举借的债务不能偿还时,通常由中央政府代为偿还,这就造成了地方政府在举借债务时不能够保持谨慎的态度,往往容易过多举借债务。第二是中央政府对于地方政府的债务情况不能够完全掌握,由于历史原因,我国政府债务统计口径不一致,政府在统计时只统计直接债务,对于或有债务、隐性债务并没有进行统计,对于真实的债务情况无法完全掌握,导致对于债务规模只能估计测算,债务负担率、偿债率等这些衡量指标不能正确估计,因此也就无法建立完善的债务预警机制。

4.4 中国地方政府债务的成因分析

地方政府债务并非我国特有的经济现象,我国地方政府债务是在特有的体制环境、政策环境、经济环境、融资环境和法制环境下形成的,它不是一个孤立的问题,是多因素合力作用的结果。

4.4.1 体制环境

(1)财税体制。1994年财政体制改革后,重新划分了中央与地方的财权与事权,形成了分税制财政体制的基本框架,但事实上我国的财政分权并环充分。一方面的表现是"财权上移"。专属中央的税种数量并不多,但共享的税种数量却很大,且中央拥有很大份额(见表4-10)。从税制设计上不难看出,主要的税收收入都归中央所得,地方政府能得到的税收收入偏少,留给基层政府的税收收入税源不足、稳定性差、征收难度大。

第4章 我国政府债务的基本现状、主要问题及成因分析

表4-10　　　　　　中央与地方税收收入的划分

中央税	关税，消费税，车辆购置税，船舶吨税等
地方税	城镇土地使用税，耕地占用税，土地增值税，房产税，车船使用税，契税，烟叶税等
共享税	增值税（进口货物增值税归中央，国内增值税中央75%，地方25%），个人所得税（中央60%，地方40%），企业所得税（铁路、邮政、国有银行、石油等企业所得税归中央，其余企业所得税中央60%，地方40%），资源税（海洋石油资源税归中央，其余归地方），营业税（铁道部门、各银行总行、各保险总公司等集中缴纳的营业税归中央，其余归地方），印花税（证券交易印花税中央97%，地方3%；其余印花税归地方），城市维护建设税（铁道部门、各银行总行、各保险总公司等集中缴纳的城建税归中央，其余归地方）

另一方面的表现是"事权下移"。中央把一些负债沉重的行业和亏损的企业甩给地方，将一些本应自己承担的支出职责转嫁给了地方。地方政府承担的经济结构调整、基础设施建设、生态环境优化、社会治安稳定、九年义务教育和社会保障等基数大、刚性强、欠账多的支出，财政支出压力巨大（见表4-11）。

表4-11　　中央和地方财政主要支出及其比重
（2013年）

支出项目	国家财政支出（亿元）	中央财政支出（亿元）	中央财政支出所占比重（%）	地方财政支出（亿元）	地方财政支出所占比重（%）
一般公共服务	13755.13	1001.46	7.28	12753.67	92.72
教育	22001.76	1106.65	5.03	20895.11	94.97
文化体育与传媒	2544.39	204.45	8.04	2339.94	91.96
社会保障和就业	14490.54	640.82	4.42	13849.72	95.58
医疗卫生	8279.90	76.70	0.93	8203.20	99.07
环境保护	3435.15	100.26	2.92	3334.89	97.08
城乡社区事务	11165.57	19.06	0.17	11146.51	99.83
农林水事务	13349.55	526.91	3.95	12822.64	96.05

数据来源：国家统计局网站。

再者,政府间转移支付制度不健全。我国目前的转移支付制度虽然包括税收返还、体制补助、专项补助等形式,但距离公共服务均等化目标还有不小的差距。地方政府的财政资金缺口,往往无法通过中央的转移支付得到弥补。我国的税收返还仍属于一般性转移支付,对平衡基层财政作用不大。一些补助资金分布在中央部委,没有统一纳入转移支付范围,与财政统筹运作脱节。财政分权在带来巨大的收益的同时,也带来了巨大的成本,其中就包括地方政府巨大的债务负担和风险。1994年税制改革以来,地方财政收入占比从1993年的78%下降到2011年的50.6%,而地方财政支出从1993年的72%上升到2011年的84.9%。地方政府的财源明显不足,近年来我国地方政府收支缺口基本呈现逐年扩大的趋势(见表4-12)。

表4-12　　　　2005—2014年度全国地方财政收支缺口情况　　　单位:万亿元

年份	2005	2006	2007	2008	2009	2010	2011	2012	2013	2014
财政收入	1.51	1.83	2.36	2.86	3.26	4.06	5.25	6.11	6.90	7.59
财政支出	2.52	3.04	3.83	4.92	6.10	7.39	9.27	10.72	11.97	12.91
收支缺口	-1.01	-1.21	-1.47	-2.06	-2.84	-3.33	-4.02	-4.61	-5.07	-5.32

资料来源:国家统计局网站。

中央和地方政府的"财政收支倒挂"现象比较严重,使地方财政收支矛盾尖锐,预算压力扩大。分税制以来,中央财政收入与地方财政收入在国家财政收入中所占份额相差不多,而地方财政支出在国家财政支出中的占比很大且逐年不断提高(见表4-13)。

表 4-13　　2005—2014 年度中央与地方财政收入支出情况

年份	金额比重	财政收入			财政支出		
		中央	地方	国家	中央	地方	国家
2005	金额（亿元）	16548.53	15100.76	31649.29	8775.97	25154.31	33930.28
	比重（%）	52.3	47.7	100	25.9	74.1	100
2006	金额（亿元）	20456.02	18303.58	38760.20	9991.40	30431.33	40422.73
	比重（%）	52.8	47.2	100	24.7	75.3	100
2007	金额（亿元）	27749.16	23572.62	51321.78	11442.06	38339.29	49781.25
	比重（%）	54.1	45.9	100	23.0	77.0	100
2008	金额（亿元）	32680.56	28649.79	61330.35	13344.17	49248.49	62592.66
	比重（%）	53.3	46.7	100	21.3	78.7	100
2009	金额（亿元）	35915.71	32602.59	68515.30	15255.79	61044.14	76299.93
	比重（%）	52.4	47.6	100	20.0	80.0	100
2010	金额（亿元）	42488.47	40613.04	83101.51	15989.73	73884.43	89874.16
	比重（%）	51.1	48.9	100	17.8	82.2	100
2011	金额（亿元）	51327.32	52547.11	103874.43	16514.11	92733.68	109247.79
	比重（%）	49.4	50.6	100	15.1	84.9	100
2012	金额（亿元）	56175.23	61078.29	117253.52	18764.63	107188.34	125952.97
	比重（%）	47.9	52.1	100	14.9	85.1	100
2013	金额（亿元）	60198.48	69011.16	129209.64	20471.76	119740.34	140212.10
	比重（%）	46.6	53.4	100	14.6	85.4	100
2014	金额（亿元）	64490.01	75859.73	140349.74	22569.91	129091.63	151661.54
	比重（%）	45.9	54.1	100	14.9	85.1	100

资料来源：国家统计局网站。

由此可见，地方政府债务的形成与中国式的财政分权体制有着极为密切的内在逻辑，与事权和开支相比，地方政府的财源明显不足，地方政府仅依靠自身财政实力难以支持大规协的经常性和民生类等刚性支出，形成了很大的财力缺口和负担，出现了结构性矛盾，尤其是县、乡两级政府，履行事权所需财力与其可用财力高度不对等。2015年3月5日，在第十二届全国人民代表大会第三次会议上财政部《关于2014年中央和地方预算执行情况与2015年中央和地方预算草案的报告》显示：2014年地方一般公共预算本级收入75859.73亿元，增长9.9%。加上中央对地方税收返还和转移支付收入51604.45亿元，地方一般公共预算收入总量为127464.18亿元。地方一般公共预算支出129091.63亿元，增长7.8%。加上补充地方预算稳定调节基金及结转下年支出1379.55亿元、地方政府债券还本支出993亿元，支出总量为131464.18亿元。收支总量相抵，地方财政赤字4000亿元。地方政府欲扩大政收入来源但又无法在体制内寻求收支缺口的弥补途径，就只有在体制外通过扩大预算外收入和对外举债来缓解收支矛盾。

（2）行政体制。中国自上而下的官员升迁体制与以经济增长为基础的考核体制是地方政府债务积累的行政体制基础。在经济转型过程中，一个重要机制是上级政府通过考察下一级政府辖区的经济发展来晋升地方官员，在中国的省级官员样本中，周黎安等（2005）、王贤彬等（2011）提供了这种政治激励存在的经验证据。[①] 在地市、县级官员中同样也存在着这种激励。这种垂直集中的政治体制决定了地方政府的官员是上级任命的而不是基层选举出来的。因此，与财政分权形成对照的是，政治上是高度集中的，中央拥有任命、奖励和惩罚地方官员的绝对权威。政治

---

① 周黎安，李宏彬，陈烨. 相对绩效考核：中国地方官员晋升机制的一项经验研究 [J]. 经济学报，2005（1）；王贤彬，张莉，徐现祥. 辖区经济增长绩效与省委书记省长晋升 [J]. 经济社会体制比较，2011（1）.

上的中央集权产生了"向上负责"而不是"向下负责"的治理模式，制造了政府间"为增长而竞争"的发展共识和强大激励。在过去的20年中，GDP增速几乎成为中国经济的"核心价值观"，刺激了地方政府官员通过地区经济发展获取政绩。如"十一五"国家确定的GDP年均增长目标7.5%，而全国31个省（区、市）的GDP增长目标都高于7.5%，其中超过两位数的达到22个，内蒙古居最高达到13%。"十二五"时期，国家GDP年均增长目标比"十一五"缩小0.5个百分点。但31个省（区、市）的GDP增长目标并没有随之调低，而是都高于7%，超过两位数的反而比"十一五"时期增加了1个。其中，超过12%的有14个，而"十一五"时期只有4个，山西取代内蒙古达到13%。[①] 实现经济增长目标最立竿见影的方式是靠投资拉动，在地方财政有限的情况下，不可避免地需要巨额的债务资金支持，导致地方政府债务规模不断膨胀。例如，内蒙古兴安盟地区2008年的财政收入为15亿元，地方可支配收入为10亿元，但2009年计划固定资产投入竟达126亿元。十八届三中全会明确指出，要纠正单纯以经济增长速度评定政绩的偏向。2013年12月9日，中共中央组织部向全国发出《关于改进地方党政领导班子和领导干部政绩考核工作的通知》，重点提到了生态或环境问题，要求纠正发展成果考核评价体系，加大资源消耗、环境损害、生态效益、科技创新、安全生产、新增债务等指标的权重。"淡化GDP，重视民生"成为政绩考核的新导向，但目前也只有70多个县市明确取消GDP考核，多元化、综合性政绩考核评价体系的改革，仍处于起步和探索阶段。

---

① 史亚荣，雷寂. 基于全球主权债务危机视角探讨我国地方政府债务问题[J]. 兰州大学学报（社会科学版），2014（1）.

4.4.2 政策环境

（1）经济刺激政策。2008年底，为了应对国际金融危机，我国提出了4万亿元的经济刺激计划。十一届全国人大二次会议发言人李肇星指出，4万亿元投资是指中央政府拟于2年内投资1.18万亿元，带动地方政府和社会投资共约4万亿元。这意味着其余的2.82万亿元由地方财政自筹，如此庞大的资金显然不是地方政府靠自身财政收入就可以解决的。2009年3月，为了确保地方政府配套资金的落实，人民银行与银监会联合发布《关于进一步加强信贷结构调整促进国民经济平稳较快发展的指导意见》，提出"支持有条件的地方政府组建投融资平台，发行企业债、中期票据等融资工具，拓宽中央政府投资项目的配套资金融资渠道"，在该政策支持下，融资平台成为地方政府债务中最活跃的融资主体。2008年初，全国各级地方政府的投融资平台的负债总额约为1万亿元；2009年底，地方投融资平台负债迅速上升为6万多亿元，占CDP比重16.7%；2012年底，地方投融资平台负债超过25万亿元，占CDP比重50%。

（2）税收优惠政策。2008年以来，我国出台的一系列减税政策导致了地方财政收入的增速放缓，增加了地方财政筹集资金的压力。新企业所得税法实施带来的减收效应以及个人所得税费用扣除标准提高都在一定程度上减少了地方政府财政收入。另外2009年开始的增值税转型改革，使当年增值税减收约1200亿元。按照现行共享税的分享比例计算，地方财政则减少了约300亿元的增值税收入，再增减相抵有关城市维护建设税收入和教育费附加收入的减少额100亿元和企业所得税收入地方财政分成的增加额，地方财政共减少了375亿元的税收。以内蒙古为例，据统计全区每年因税费减免退库约占当年地方税收的1.9%，加之

2006年起免征农牧业税及免除了乡村镇提留等各项收费收入，直接导致地方财政，特别是乡镇一级财政收入严重短收。2014年，全区地税系统贯彻落实西部大开发、鼓励节能减排和支持小微企业发展等一系列税收优惠政策，全年共减免地方税费90多亿元。

（3）房地产调控政策。近年来，中央不断强化对房地产市场的调控和管理一系列管理举措规范了地方政府土地出让行为，土地出让金作为地方政府的主要财政收入和偿债来源面临缩水。2009年，财政部、国土资源部等五个部委联合下发了《关于进一步加强土地出让收支管理的通知》，要求地方政府将土地出让收入全额缴入地方国库，支出则通过地方基金预算从土地出让收入中予以安排，实行彻底的"收支两条线"管理。2011年，为了遏制房价的过快上涨，中央开始实施包括"限购令""限贷令"在内的一系列严厉的房地产调控政策。不动产登记、房地产税、土地供应制度等改革的推进将使房地产市场，尤其是三四线城市的房地产市场面临降温的风险，加大了地方政府的资金需求。

4.4.3 经济环境

我国经济改革的不断深化伴随着城镇化的高速推进，据统计，近10年年均10%的经济增长率中，城镇化率（一个地区常住的城镇人口占该地区总人口比例）贡献了3个百分点。党的十八大后中央高层多次强调，城镇化是中国未来经济增长的动力。城镇化意味着城镇人口的快速增长，带来了多方位的资金需求。城镇化投资的特点主要表现在：一是资金需求量大，公共交通、市容环卫、污水处理、绿化、水热供应、道路桥梁等都需要投入大量资金；二是建设周期相对较长，投资回收周期往往更长；三是有些投资部分甚至全部体现为社会效益而非项目本身的直接收入效益。地方政府每一财政年度可用于积累性投资的财力是很有限的，如果仅靠现有财力，必然造成建设资金不能够及时到位。将严重制约公益性基础设施的有效提供。因此，地方政府通过负债融资方式筹集资金满足一次性建设需求是较为理性的选择、然后再通过未来若干年度的财政节余逐步偿还到期负债。从代际公平角度看，公益性基础设施一旦建成，惠及未来几代人，有助于均衡代际的负担。

我国改革开放初期1978年的城镇化率仅为17.9%，1990年为26.41%，2000年为36.22%，2011年首次超过50%达到51.27%，2012年已经达到52.57%。①据有关测算，按2002年的价格水平，每增加1个城市人口，需要基础设施投资9万元，中国每年需要新增的城市基础设施投资高达16200亿元。城镇化为扩大内需提供了最强、最持久的内生动力，对基础设施和住房建设保持着巨大的投资需求。根据麦肯锡预测，2010—2015年我国城市化直接带动的固定资产投资累计将达到74万亿元人民币，相当于2003—2008年全社会固定资产投资总额的2倍。《"十二五"时期我国地方政府性债务压力测试研究》的模型预测认为，"十二五"时期我国仍处于快速城镇化时期，地方政府公共投资总规模将达29.3万—33.9万亿元。如《"十二五"综合交通运输体系规划》就指出2010—2015年需要铁路里程增加2.9万千米，公路通车里程增加49.2万千米，其中国家高速公路增加2.5万千米；管道输油（气）里程增加7.15万千米；城市轨道交通运营里程增加600千米；沿海港口深水泊位数增加540个；民用运输机场增加55个。

2008年以来，我国全社会固定资产投资保持20%以上的

---

① 周沅帆.城投债——中国式市政债券[M].北京：中信出版社，2010.

增速，其中地方政府项目投资大部分年份增速超过30%。由于投资增速远高于财政收入增速，地方政府扩张性支出所造成的资金缺口无法通过自身财政收入的增长予以弥补。以内蒙古为例，2014年年初内蒙古提出启动"十个全覆盖"工程投资，预计用3年时间，需投资600亿元，在全区农牧区实现包含危房改造、安全饮水、街巷硬化工程、校舍建设及安全改造等10项投资工程。根据2015年政府工作安排，内蒙古全年500万元以上项目新开工规模达到1.5万亿元，完成固定资产投资1.34万亿元，另外还要贯通内蒙古东西的高速铁路客运大通道建设，建成3个运输机场和8个通用机场，全区民用机场总数将达到29个。以城镇地下管网改造为重点，建设一批城市基础设施项目，需要投资700亿元。据2015年7月21日内蒙古首府呼和浩特市政府召开的新闻发布会介绍：首府呼和浩特计划全市2015—2017年投资1289亿元，实施69个城中村、83个棚户区、143个城乡危房改造项目，计划投资26亿元全面完成中心城区584个老旧小区综合整治。依据《呼和浩特市城市轨道交通近期建设规划（2015—2020年）》，1号线一期工程投资155.84亿元，2号线一期工程投资182.97亿元，同时还要推进机场迁建工程。

4.4.4 融资环境

（1）融资主渠道的信贷管理不健全。政策性银行、商业银行等金融机构是地方政府融资的主要渠道，在各地方政府急需发展建设资金的情况下，这些金融机构往往对地方政府及其相关机构授信过度，造成地方政府债务规模不断扩大。从行政权力的角度看，许多地方政府对银行管理层的任命具有决定权，银行的决策容易受到地方政府干扰，地方政府通过向银行施压，从而达到融资的目的。从银行业的角度来看，由于地方政府融资规模大，且有土地资产的抵押和财政收入的担保，出于安全性的考虑，银行业普遍存在着对地方政府融资的偏好。

（2）融资方式创新推高融资成本。城投债是地方政府获得长期资金的主要来源，城投债在开始发行初期成本在3.5%—4%，2010年之后上升到6.9%，2011年之后上升至7.2%。国开行软贷款曾是地方政府融资的重要来源，其贷款利率为4.68%和5.94%两个挡位，2008年取消国开行软贷款，地方政府只能更多地利用商业银行贷款来融资。早期融资平台通常可采用利率下限进行贷款，2008年还可以在5.5%左右，2010年就达到了6.5%—7%。BT（回购）在实质上与贷款无异且手续便利，但利率较高，达到12%。理财信托由2008年应对金融危机催生，融资成本8%左右，2010年以后票面利率不断上升，综合成本普遍达到12%。PE（私募股权）的投资回报一般在10%左右，加上发行成本、合作经费等，综合融资成本达12%左右。P2P（网络金融平台）通常是由信托或者资产管理公司根据地方政府的融资需求发行信托、资产管理计划，然后由P2P平台负责代销部分份额，以扩大地方政府融资过程的民间资金来源，其成本也在10%—12%。

（3）在资金链紧张的时候，不排除可能有的地方政府采用高利贷（利率高于20%的融资方式）的方式进行短期补救。最大的可能是在资金严重短缺的时候高息借入一些短期的"过桥"资金来临时补偿现金流。目前在鄂尔多斯、包头以及江浙部分地方已经出现了此类情况。

4.4.5 法制环境

国家从法律层面未赋予地方政府举债权，相当多的地方政府债务存在于"灰色地带",使其处于不能自圆其说的尴尬境地。修正前的《中华人民共和国预算法》明确禁止地方政府债务融资,其第二十八条规定:"地方各级预算算按照量入为出、收支平衡的原则编制,不列赤字。除法律和国务院另有规定外,地方政府不得发行地方政府债券。"《中华人民共和国担保法》禁止地方政府为第三方提供融资担保,该法第八条规定:"国家机关不得为保证人,但经国务院批准为使用外国政府或者国际经济组织贷款进行转贷的除外。"《中华人民共和国银行法》明确禁止地方政府向银行借款,该法第二十九条规定:"中国人民银行不得对政府财政透支,不得直接认购、包销国债和其他政府债券。"第三十条规定:"中国人民银行不得向地方政府、各级政府部门提供贷款,不得向非银行金融机构以及其他单位和个人提供贷款,但国务院决定中国人民银行可以向特定的非银行金融机构提供贷款的除外。"《贷款通则》第四章第十七条规定:"界定借款人应当是经工商行政管理机关(或主管机关)核准登记的企(事)业法人、其他经济组织、个体工商户或具有中华人民共和国国籍的具有完全民事行为能力的自然人。"地方政府并不具备作为银行借款主体的资格。可见一直以来地方政府是在国家法律禁止下,绕过国家法律规定,为投融资公司担保,通过投融资公司举债。

  法律不赋予地方政府举债权,也就没有制定有关规范地举债融资的法律制度,对地方政府债务的监管就很难做的名正言顺。从预算约束的角度来看,地方政府更谈不上编制专门的债务预算。随着地方政府性债务对经济发展的冲击,截至2013年6月底,已有23个省、298个市、1736个县出台了综合性的政府性债务管理制度,但真正编制专门债务预算的还寥寥无几。除地方政府化和各种财政转贷资金外,大部分地方政府性债务收支均未纳入管理和监督，处于无序管理状态。对地方政府债务融资监管更是靠行政法规、规章和政府性文件，政策性文件占的比例很大，有的是以党内文件形式来管理。如2013年12月10日，经中共中央批准，以中央组织部名义印发了《关于改进地方党政领导班子和领导干部政绩考核工作的通知》，虽然把地方债纳入地方官员政绩考核重要指标范围之内，强化留烂账离任责任追究，但这毕竟是党内文件，只能作为立法缺位期间的过渡性措施。一些省（市、县）制定了地方债务政府债务管理地方性法规、文件等，但也只是探索性的举措，缺乏国家层面上的统一性和科学性。地方政府债务管理相应的预算机制、评估机制、决策机制、信息披露机制、监督机制等法律法规制度建设仍远未完善，对于责任追究也没有明确的立法，从根本上弱化了地方政府债务管理的基础。

我国政府会计现状及存在的问题

5.1 我国政府会计现状

5.1.1 我国政府会计的发展历程

政府会计作为会计系统里面重要的一部分，对于各级政府、政府单位以及财政总预算具有极其重要的作用，通过政府会计提供的信息，可以掌握政府的财务状况，为信息使用者提供必要的会计信息，可以使决策者更好地做出决策。我国政府会计经历了几十年的发展，正逐渐完善，但是目前仍然存在许多问题，下面我们先来回顾一下政府会计的发展历程。

（1）我国预算会计制度萌芽时期（1949—1978年）。

从1949—1978年这段时间是我国政府会计萌芽的阶段，从1949年中华人民共和国成立至1959年，1949年，国家刚刚成立，之前又经历了较长时间的战争，所以各个方面都需要资金，国家整体上的财政压力比较大，为了获取资金，政府不得不发行债券，这是"被动发债"的时期。但是到1978年以前，由于我国实行的是计划经济，国家对于财政采用的是统收统支的管理方法，所以很少有地方政府发行债券。虽然地方政府债务问题较少，但是我国的预算会计制度已经初步萌芽，政府发行的债券主要是国债，由于国债的种类比较单一，管理也较为简单，所以政府预算会计在这一阶段也比较简单，只要满足财政管理体制的要求即可。

（2）我国预算会计制度形成时期（1979—1998年）。

1978年改革开放之后，政府为了刺激经济发展，开始发行国债，利用筹集的资金进行大规模投资，政府开启了"主动发债"时期。从1987年开始政府国债的发行规模和种类开始逐渐增加，从1991—1997年，政府发行债券速度飞速提高。同时地方政府从1979年在市县范围内也开始举借债务，1981—1986年，地方政府的举债速度也迅速提高，范围已经从市县扩展到省市县。随着地方政府举借债务规模的不断扩大，财政部在1988年重新修订了《财政机关总预算会计制度》，通过对该制度的修订，扩展了总预算会计的核算范围，此时政府会计不仅对财政部的负债情况进行核算、反映和监督，而且对于地方政府的财政预算执行情况也进行核算。但是这一阶段政府预算会计采用的核算基础是收付实现制，主要的会计要素是资金来源、运用以及结存，政府预算会计只是对一些直接显性的负债进行简单的核算，由于地方政府发行债券不合法，因此这一阶段的政府预算将地方政府债务都从预算中扣除了，这就导致并没有对地方政府债务进行相应的核算和管理。但是地方政府债务却迅速发展，因此从这个阶段开始，政府会计由于不能对地方政府债务进行核算反映以及监督，所以已经逐渐不能满足社会发展的需要。

(3) 我国预算会计制度发展时期（1998—2015年）。

我国地方政府债务从1980年开始出现之后，一直保持增加的势头，由于地方政府债务举借方式不规范，缺乏相应的监督管理，其带来的风险逐渐增加，而政府预算会计却不能对其进行核算反映以及监督，因此政府预算会计已经不能发挥其应有的作用，需要进行改革。为了配合经济发展，我国在1994年实施了分税制改革，1995年颁布了《中华人民共和国预算法》，《预算法》虽然对财政预算进行了补充和完善，但是随着市场经济的不断发展，政府面临的财政风险依然很大，各项隐性债务和或有负债规模不断增加，一旦面临经济下滑，大量隐性债务和或有债务转化为直接债务，将带来巨大的财政危机。因此为了防止出现这种被动的局面，政府吸取企业会计改革经验教训的基础上，借鉴国际公共部门会计准则，结合我国财政的实际情况，财政部于2001年颁布了《〈财政总预算会计制度〉暂行补充规定》，通过权责发生制明确了一些事项，但是此补充规定只在中央应用，没有推广到全国实施。2007年为了配合社会经济的发展，我国第一次明确提出进行政府会计改革，希望通过改革使政府会计能够充分发挥其监督和管理的作用，并进一步形成完善的综合财务报告制度。到2015年国家修正了《中华人民共和国预算法》，在新《预算法》中更加注重对地方政府财政的核算，将地方财政纳入了其核算范围，地方政府举借债务的情况从之前的游离在预算之外到纳入预算管理，政府会计改革迈入了新的阶段。

从我国政府会计的发展历程，可以看出，我国政府会计的发展与改革都是由于不能适应经济社会的发展，而被动地进行，是被时代推动才不得不进行改革,而且改革的脚步总是落后于现时的发展。而且目前我国现行的政府会计与我国社会经济的发展依然存在不小的差距,为了更好地服务于经济社会,政府会计必须进行改革。

5.1.2 我国政府会计的现状分析

下面结合我国政府债务的情况,对于我国政府会计的现状进行分析,发现现阶段政府会计存在的一些问题,并针对这些问题提出意见建议。

(1) 政府债务管理推动政府会计改革的主要事件。伴随着经济社会的不断发展,我国当下的政府会计预算体系已经不能满足社会的发展,因此政府在"十一五规划"中将政府会计改革首次提出,接下来对政府会计进行了一系列的改革,从诸多方面对政府会计进行完善和补充,具体措施见表5-1。从表5-1中看出,从2013年开始,政府开始重点关注政府债务管理,这方面发布的文件逐渐增多。2014年12月颁布了《权责发生制政府综合财务报告制度改革方案》,该方案根据权责发生制和政府财务报告将其各自的工作范围进行了划分。2015年再次修订和完善了《财政总预算会计制度》,为政府会计在财务会计方面的改革指出了方向,并提供了建设性的意见,紧接着又颁布了《政府会计准则——基本准则》《财务报告编制办法》以及《政府部门财务报告编制操作指南》等一系列法律法规,我国政府会计准则体系正在逐步完善。综上所述,由于政府债务管理的需要推动着政府会计进行改革,政府会计通过不断的改革和完善可以更好地对政府债务进行管理,有效地防范政府债务风险,也就是说政府债务管理与政府会计改革两者互相影响,互相推动。

表 5-1　　地方政府债务管理推动政府会计改革的主要事件

时间	文件名称	相关内容
2013年11月12日	《十八届三中全会报告》	权责发生制进一步发挥作用，综合政府财务报告制度初步建立，中央与地方的债务风险管理制度得到了进一步完善
2014年4月30日	《关于2014年深化经济体制改革重点任务的意见》	举债融资制度得到了一定的监管和完善。它要求，政府债券是融资的唯一方式，不同通过任何一家有商业性质的融资公司进行融资。此外，还逐步将地方政府债引到了预算管理中；再次强调了利用权责发生制的必要性，同时地方政府的信用评级制度也进行了初步建设，考核制度受到了民众的监督，债务风险管理的力度也得到了加强
2014年8月31日通过，2015年1月1日执行	《中华人民共和国预算法》（修正案）	《预算法》针对地方政府，新增了两种规定，一方面，地方政府债务被收进了政府会计预算的保护罩下，不再是孤岛，成功纳入会计预算中；另一方面，地方政府举借债务是限额的，并且是自借自还。此外，还进一步完善了债务风险管理制度，如风险评估和预警机制、责任追究机制以及应急处理机制。并明确规定国务院是地方政府债务情况的监督者
2014年9月21日	《国务院关于加强地方政府性债务管理的意见》	地方政府举债融资的途径得到了重视。地方债务根据具体的分类标准进行了归类管理；对政府的或有债务加强了管理；定期对债务风险进行测试；并强化对地方政府的约束，如对地方政府有偿还责任的债务，中央政府不会给予帮助；同时，要求地方政府的债务统计报告要逐步公开，让民众意识到自身监督的重要性，并在此过程中，要充分发挥权责发生制的作用，接受社会的监督
2014年12月12日	《权责发生制政府综合财务报告制度改革方案》	详细介绍了以权责发生制为中心的政府综合财务报告的制订计划、指导思想、基本原则、总目标、总任务以及具体的实施内容与配套措施

续表

时 间	文件名称	相关内容
2015 年 4 月 20 日	《关于地方政府专项债券会计核算问题的通知》	详细规范了地方政府专项债券会计核算事宜，包括专项债券借、用以及还的各个环节，在收付实现制的基础上，直观地阐述了专项债券的渊源和去处
2015 年 10 月 10 日通过，2016 年 1 月 1 日执行	新修订的《财政总预算会计制度》	《财政总预算会计制度》得到了修订和完善。通过适当的引入权责发生制，政府债务核算重新细分了会计项目中的负债科目，并进行了详细说明，让人们直观认识了债务的来源与去处
	《政府会计准则——基本准则》	这是我国第一次出现政府会计准则，在进行了一定的创新，实行了双轨制，具体是指：其中的预算会计实行收付实现制；而权责发生制只用在财务会计上。此外，财务会计中又新增了一些相关科目，并对这些科目的定义、计量、记录和报告进行了相应规定
2015 年 12 月 10 日通过，2017 年 1 月 1 日执行	《财务报告编制办法》	主要是在权责发生制的基础上编制政府财务报告和政府综合财务报告。并在编制过程中，对财务报告编制的目的、内容、审核以及报送等环节进行了详细规定，为以后的实施奠定了基础。同时，也要认识到财务报告对政府会计信息的重要性
2015 年 12 月 21 日	《关于对地方政府债务实行限额管理的实施意见》	地方政府债务实行限额，首先要考虑的是限制的额度大小。额度要符合当地的实际情况，统筹考虑、合理确定。此外，地方政府对自身的财务情况、负债情况要时刻了解，以便及时避免风险的发生；在制度方面，要加快政府综合财务报告制度的建设、债务监督和考核问责机制的建设等。此外，审计部门要充分使用自己的权利，严格监督政府债务管理的水平。在或有债务和存量债务的处理上，要采用恰当的方法，妥善处理

注：资料来源：财政部官方网站。

（2）基于政府债务管理视角的我国政府会计现状的分析。2015年政府出台了一系列法律法规对政府会计进行了补充和完善，主要对预算会计制度进行相应的调整。目前，我国财政预算会计的核算方法就是根据这些新的法律法规制定的，现阶段政府部门仍然采用预算会计制度，通过对日常业务进行核算反映以及监督，对政府的财务运行状况和预算执行状况进行披露，反映政府的受托履行责任的具体情况，为信息使用者提供全面及时准确的信息是我国政府会计的目标。目前政府会计的会计假设主要包括会计主体、持续经营、会计分期和货币计量。总会计记账制度依然采用借贷记账法，主要实行收付实现制的核算基础，部分特殊业务采用权责发生制进行核算。会计信息质量要求在总预算会计中首次提出，在原来可靠性、及时性、可理解性的基础上，新增了可比性和相关性两个具体要求。总会计的会计要素也增加为了五大类即资产、负债、净资产，收入和费用。修订后的《总会计制度》要求使用总会计报表，总会计报表包括资产负债表、一般性公共预算执行情况表和其他一些报表，必要时还需附上附注，总会计报表能够全面地反映政府的财务状况以及财政的预算执行情况。新法中对政府会计假设、信息质量特征和财务报告等都做了修改和健全，此外，还对会计信息做出了新要求，使之更能促进地方政府债务管理发展，更加符合各相关单位和人员的要求，使信息提供者和使用者获得的信息量尽可能对等，加强政府方面关于债务行为的管控和监督，利用财务报表预警财务风险，提高地方政府的债务风险防控能力。上述内容便是对政府部门推行的预算会计体系做出的详细分析，这对革新会计制度、弥补传统会计制度缺陷起着重要作用。

5.2 我国现行政府会计存在的问题

5.2.1 收付实现制不能适应政府性债务会计核算的需要

近年来我国政府性债务风险不断上升，不具备科学的财政管理体系是造成这种情况的主要原因。此前，我国长期采用的是以收付实现制为核算基础的预算会计体系，在预算会计下，虽然能够较好地反映政府的预算收支情况，但是仅对政府的现金收支情况进行反映，而对于全部的资产、负债的情况，特别是近年来大量增加的隐性负债和或有负债，不能有效地进行反映和监督，这就埋下了巨大的隐患。也就是说，虽然收付实现制能够很好地反映政府的财务收支活动，能够将政府的直接显性债务进行披露，但是对于潜在的政府大量的隐性债务和或有负债，收付实现制并不能进行完全地反映，这就使收付实现制的预算会计体系不能够向公共受托责任人提供高质量的会计信息，使公共受托责任人全面了解政府的资产以及负债的情况，不能有效地对政府性债务风险进行预防。由于收付实现制会计核算基础本身存在一定的缺陷，造成预算会计体系也必然存在缺陷，进而影响到政府性债务的管理和监督，对政府财政的可持续性产生不利影响。因此为了使政府会计能够提供高质量的会计信息，能够及时发挥预警作用，防范政府性债务风险，需要对收付实现制的会计核算基础进行改革，对政府会计进行改革。

5.2.2 政府性债务会计信息披露不完善

首先，近年来受西方国家的影响，我国也对政府会计进行不断的改革，陆续进行了部门预算、国库集中收付制度和政府收支分类等改革，2010年财政部发布《权责发生制政府综合财务报告试编办法》，开始了以权责发生制为基础的综合财务报告的试编。2015年12月，政府又出台《财务报告编制办法》。我国目前的总会计财务报表依然不能有效提供相关信息，原因在于虽然国家要求各级政府编制权责发生制综合财务报告，但是各级政府处于改革阶段，并没有编制合并财务报告，不能全面准确地反映政府债务的总体情况；其次，由于各级地方政府编制报告不规范，导致并不能通过会计报表提供的信息对相关债务指标进行计算，造成不能及时有效地对风险进行评估；再次，政府提供的财政信息不透明，目前仍然没有相对完善的披露准则，很难全面掌握债务的具体情况；最后，总会计报表提供的信息并不能对绩效进行评价，也不能为政府决策提供有用的信息，这就造成无法建立考核问责制度，对于地方政府借债无法规范，对于地方政府的借债行为也不利于限制。因此，需要对政府会计进行改革，建立以权责发生制为基础的政府综合财务报告和政府部门财务报告。

5.2.3　政府会计法规与制度建设滞后

目前我国政府会计体系依然不够健全，国家也没有出台政府会计准则，政府会计有关内容也并未在法律中明确规定。而我国现在想要有效提升政府财政管理的水平，就需要有相关的法规进行支持，政府会计改革要想顺利进行根据国际的经验，必须要实现有法可依。我国目前虽然有《会计法》《预算法》等法律，但是我国政府会计体系依然不健全，因此为了有效防控政府性债务风险，保证政府会计改革的效果，我国需要尽快制定与我国国情相适应的政府会计准则，只有做到有法可依，政府会计改革才能顺利地推进。

5.2.4 政府性债务会计信息缺乏严格的内外部监管

政府财务体系的不健全是造成绝大多数政府性债务风险出现的原因，政府债务会计信息披露不充分导致的。我国预算会计体系不能对隐性负债和或有负债进行全面的反映，使我国政府性债务剧增，同时内外部监管的缺失，使我国政府性债务风险不断提升。一方面在内部监督方面，政府审计作为国家治理体系中的免疫系统，起着抵御和预防的作用，对各级政府的财政资金活动进行监督，同时对权力的行使等进行监督，政府审计如果能够充分发挥作用，就可以对政府性债务信息进行有效的监督，可以降低政府性债务风险。但是我国政府审计对于政府性债务的监督不具备连续性。截至目前，我国仅实施了三次全国性的政府性债务审计风险。也就是说，在内部监督方面，政府审计并没有充分发挥其免疫作用，没有很好地对政府性债务风险进行有效的监督，在一定程度上推动了政府性债务风险的增加。另一方面是外部监督缺失。社会公众对政府关于公共财政和公共资源的使用情况使用效率缺乏关注和监督，此外政府提供的会计信息不完善、不透明也使社会公众无法有效地对政府性债务风险进行监督。综上所述，要想有效防范政府性债务风险，需要同时发挥政府审计和社会公众的积极作用，从内部审计和外部监督两方面公共作用，降低政府性债务风险。

5.2.5 政府会计改革配套机制不健全

政府会计改革是一项系统性工程，需要健全配套机制体制。目前我国政府会计改革的配套机制体制主要存在两方面的问题，其一是人才资源未能得到有效保障，由于我国政府会计人员之前长期使用收付实现制，随着政府会计改革采用权责发生制，很多政府会计人员很难迅速地调整适应，造成政府会计改革推进缓慢，效率低下。其二是政府性债务会计信息处理技术水平低下。目前政府会计工作人员对于会计信息处理技术普遍掌握较差，但是在大数据时代下，为了更加及时全面地掌握政府的债务情况，达到降低政府性债务风险的目的，迫切需要提升政府会计工作人员的债务会计信息处理技术，需要政府建立债务会计信息数据库，利用动态管理政府性债务，提升政府性债务会计信息的传递速度，快速实现信息的共享。

第6章

国外政府债务管理与政府会计经验借鉴与启示

6.1 我国现行政府会计对债务管理的阻碍

为顺应改革开放的需要,我国现行预算会计尽管也作了一定的改进与完善,但其仅能提供较为简单、粗放的预算收支信息,在会计目标、体系衔接、核算基础、核算范围等方面仍存在很大缺陷,不能为加强财政精细化管理、实施政府绩效评价、确保财政可持续发展等提供全面、可靠的数据支持和制度保障,同时对于强化政府债务监管也形成了较大的阻碍。

6.1.1 会计目标单一

《财政总预算会计制度》第十二条对于会

计目标的定位是："总预算会计的信息，应当符合预算法的要求，适应宏观经济管理和上级财政部门及本级政府对财政管理的需要。"可以看出，该目标是以预算遵从为导向的，主要为政府预算的编制、执行和监督管理而服务。在会计信息使用者方面也主要关注内部利益相关者，即上级财政部门和各级政府部门的信息需求，诸如立法机关和审计机关等重要的信息使用者并未明确地界定在内。预算会计目标没有定位于满足多元的利益相关者的信息需求，没有定位于满足公共服务、公共绩效管理和财政可持续性发展的信息需求，影响了政府问责和治理评价。我国人民代表大会制度、中国共产党领导的多党合作和政治协商制度、民族区域自治制度以及基层群众自治制度，共同构成中国式民主的"复合神经系统"。在这种复合神经系统下面，政府的受托责任链条是多向度的。在多向度的节点中，政府需要提供其资源获取和使用的信息，以满足利益相关者评价政府的受托责任以及做出各项决策的需求。基于预算遵从导向的制度，决定了政府预算是政府资源优先支出的方向以及政府目标实现的重要工具，预算执行情况是考核政府责任履行的最重要依据。这种导向下政府会计主要为政府宏观经济管理要求服务，很难满足外部利益相关者的诉求。一般地讲，内部使用者除了需要获得外部使用者所需要的信息外，通常还需要额外的更为详细的信息，因而有着更高的信息要求，然而这一事实并不意味着满足外部使用者的信息需要不重要。

政府举债涉及的利益主体其实比较多元化，包括政府内部利益相关者（上级政府，以及本级政府或单位的行政长官、财政部门、审计部门、统计部门和行业主管部门等）、立法机构与监督机构的代表（如各级人大代表、政协委员等）、债权人（国际货币基金组织、世界银行、各金融机构等）以及社会公众（纳税人、受益者、公共服务的购买者等）。作为立法机关的各级人民代表大会，有权审议各级政府财政部门的预算编制和预算执行情况；作为监督机构的各级国家审计部门，有权利审核监督政府财务资源使用情况；作为资源提供者的纳税人、捐赠人及广大社会公众也需要相应的会计信息，来合理评价政府资金使用情况和政府公共受托责任的履行情况，但我国现行总预算会计制度并没有充分关注这方面的信息需求。信息是决策的生命之源，不同利益相关者使用和获取政府会计信息的目的各不相同，政府会计目标应体现多元化和异质化的特点。单一目标导向下，约束了政府债务核算和报告，无法提供关于政府债务规模、结构和风险的可靠信息，削弱了会计信息及时披露债务发展态势和有效控制债务风险的职能。

6.1.2 体系缺乏衔接

我国的预算会计制度体系（见图6-1）是按照五级财政、行政单位与事业单位、税务部门、人民银行、财政部门等组织机构分别设置的，财政总预算会计反映预算资金总的取得与分配情况，行政单位会计与事业单位会计反映单位预算资金的实际使用情况，税收征解会计、国库会计、支付执行机构会计则分别反映预算资金的征缴、收纳和支拨的过程。财政总预算会计只核算预算资金的"收"和"拨"，而且核算重心在于"拨"，一旦财政资金通过拨款进入支出单位账户，其形成的资产、投资权益、拨款的效益等都没有在财政总预算会计的账面上得到充分的反映。政府财务信息在支出机构和财政部门之间缺乏及时传输，从而无法动态跟踪发生于各支出单位的交易信息，更无法及时汇总获取不同组织单位之间的、完整的资金链信息。各主体分别编报的报表之间缺乏衔接、政府资金运动的整个过程被割裂开来，导致信息片段化、可验证性差，不易于理解和使用。

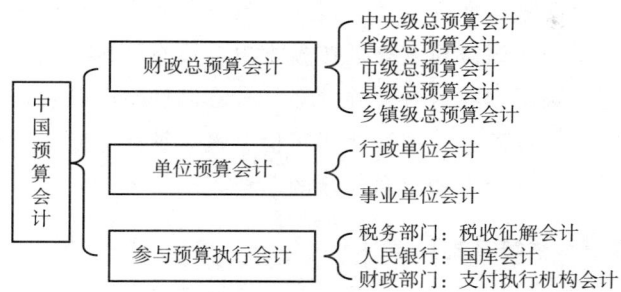

图 6-1 我国现行政府预算会计制度体系

按照现行预算会计制度，政府无法提供一套能综合反映其财务资源、负债和净资产全貌的财务报告，也不能以统一的形式完整地提供预算资金收支和分账核算的社会保障基金、国债转贷资金、预算外资金、粮食风险基金等专项资金的总体财务信息，如《国际金融组织贷款转贷会计制度》就相对独立于总预算会计制度。虽然《国际金融组织贷款转贷会计制度》对财政机关的转贷部门从"贷款协议生效"到项目执行过程中逐年"提款报账"时的实有债权、债务，直至贷款归还时债权、债务的消失进行了政府外债的全程核算，但财政总预算会计只对应由财政预算承担的部分，通过转贷部门增拨"偿债基金"方式间接列入了"预算支出"，在归还贷款时通过两级财政结算资金反映负债的偿还数。政府外债作为政府债务的重要组成部分对于财政风险管理有十分重要的意义，但债务资金运行情况并没有在财政总预算会计中具体反映，这样不利于政府对外债风险的整体掌握和控制。又如，《社会保险基金会计制度》独立于总预算会计之外。社会保险基金作为一种政府行为，它的资金运行状况关系到政府的未来财政负担。在我国社会保险资金来源并不充裕、社会保险支出负担十分沉重的情况下，社会保障基金运行的会计信息的掌握对于政府财政风险管理尤为重要。但在财政总预算会计制度中只是简单的反映了当年财政对基金的拨款支出，没有体现社会保险基金的整体运行情况。在这种分离的会计核算制度下，核算内容不统一造成了社会保险基金的资金运行信息没有纳入财政总预算会计中，也不利于社会保和财政风险的防范。

6.1.3 核算基础局限

按照现行总预算会计制度的规定，除个别事项采用权责发生制外，主要以收付实现制（现金制）为核算基础。收付实现制关注的重点是政府预算能否得到切实的遵守，政府开支是否遵守授权和法律法规的要求。收付实现制在现金支出控制方面具有一定的成效，能较好地满足合规性管理的需求，但随着预算会计环境的变化和市场经济对政府资金管理的需要，以收付实现制为基础的预算会计制度在政府财务状况的全面评价以及政府活动资源耗费的反映等方面显现出很大的局限性。

（1）收付实现制反映信息不全面。收付实现制基础只能提供相对狭窄的现金交易信息，无法提供非现金交易的信息，以及与绩效相关的公共产品和服务的成本信息。当决策者从关注短期问题转向关注更为长期的决策问题时，以及在公共财政管理系统从追求传统的合规性目标转向追求更高层次的绩效目标时，收付实现制就显得越来越不合需要。由于遵循收付实现制，现行预算会计只核算当期实际收到现金的直接显性负债，而并未核算当期已经发生而尚未用现金偿付的直接隐性负债以及可能引起财政支出增加的或有负债，从而致使大量的隐性的、或有的负债游离于会计核算体系之外。例如，拖欠工程款、拖欠职工工资等问题，对未来的政府运行和地方经济发展造成巨大隐患、但在收付实现制下不会在政府预算财务报表中反映出来。收付实现制下不划分收益性支出与资本性支出，无法反映跨年度成本分摊，使跨期资产使用和耗费，在不同期间内忽高忽低，呈现不应有的波动。

（2）收付实现制下可能存在某种操纵。在各种会计基础下都可能产生财政机会主义行为，但收付实现制基础更容易为机会主义行为提供方便，其原因在于现金收付的时间与交易发生的时间不一致，有更多的机会操纵现金收付的时间。可能存在两方面的问题：一是会导致预算资金结余不实。在当年预算执行过程中，各级财政部门经常会遇到预算已经安排。但由于各种原因当年无法支出的问题。例如，我国的政府采购范围和规模在逐年扩大，并且正由一般商品采购和服务采购向工程采购扩展，由于采购大宗项目时常有跨年度的情况发生，在收付实现制下，不能反映那些当期虽已发生但尚未支付的部分。二是人为调节当年的收入和支出以达到预算平衡。存在财政预征虚收、应支未支、应退未退等虚假平衡现象，如突击花钱操纵成本，或有意延迟支付以粉饰绩效，或把未来财政年度的收入"提前"到本财政年度来收入（提前征税），达到逃避赤字约束的目的等，给人为调节财政平衡留下技术漏洞。

（3）收付实现制反映信息滞后。收付实现制只确认与现金收付有关的交易或事项，因此不考虑未来的许诺、担保等或有因素，当期已经发生但尚未用现金支付的债务则无从表现。收付实现制通常在"坏结果发生之后"才计量和确认，如果管理者和决策者基于这类信息行事，那么极有可能错过采取行动的最佳时机。收付实现制基础着重计量和报告当期的预算收支执行情况，且结果不能客观反映当期财务行为对以后年度的影响，对于那些跨年度的财政交易和事项（例如社会保险基金。贷款担保和其他或有负债）无法反映，这个问题尤其严重。例如社会保险基金问题，社保基金的结余中有很大一部分属于当期应计、需在未来财政年度陆续支付的费用，若不在当期预提未来年度将要支出的费用准备，可能在退休高峰期暴发养老金支付危机。

（4）收付实现制混淆了负债与收入的界限。负债形式上都表现为一种现金流入，但却是要按借贷契约必须偿还的资金，与收入有本质的不同。收付实现制下，政府债务资金的筹集作为收入核算，以收入替代债务入账，形式上是预算收支平衡，符合《中华人民共和国预算法》的规定，但实际上却是将预算"硬赤字"转化成了"软赤字"。其一，造成虚增收入、虚减负债的信息失真后果，容易使地方政府忽视债务风险，盲目扩大债务规模，财政风险聚集；其二，扰乱了人们对会计理论的认识，对预算单位的会计实践也会造成混乱。

6.1.4 核算范围狭窄

按照现行总预算会计制度的定义，负债是一级财政所承担的能以货币计量、需要以资产偿付的债务，包括应付及暂收款项、按法定程序且核定预算举借的债务。该定义是基于收付实现制核算基础的，主要是指预算执行过程中形成的应付及暂收款项等债务。这个定义没有说明负债的经济实质，列举法也不能穷尽所有可能的构成政府支出责任的负债。在实际操作过程中，对于政府负债的范围、流动性的界定缺乏统一的口径，太过笼统，无法揭示政府各种债务的结构和风险。反映出来的财政负债规模远远低于实际存在的规模，可以预计到的财政负债风险也远远低于实际存在的风险。地方政府承担负债风险的压力被大大低估了。

(1) 没有核算和反映"隐性债务"。财政总预算会计的负债类科目少之又少、主要有:"暂存款""与上级往来""借入财政周转金""借入款"。其中"暂存款""与上级往来""借入财政周转金"科目反映的是在预算执行期间,上下级财政或财政与其他部门结算中形成的债务、在实际核算过程或者转为一级财政的收入,并不属于严格意义上的政府债务的范畴。"借入款"科目反映的是按照法定程序及核定的预算举借的债务,仅反映部分直接显性负债。我国政府的隐性债务包括地方政府担保债务。主要表现为担保的外债、地方金融机构的呆坏账、社会保险基金缺口、政府为企业贷款提供担保产生的或有负债等,以及地方政府欠发的工资等,这些隐性债务在现行总预算会计中没有得到反映。政府的隐性债务信息在现行预算会计报表体系中不能直接披露出来,一定程度上造成相同会计期间权力和责任的不匹配,可能出现政府代际的债务转嫁,导致各届政府间权责不清,从而不能客观、全面地评价和考核政府绩效,同时不能为政府防范和化解财政风险提供必要的财务信息。

(2) 没有按照流动性对负债进行分类核算。现行总预算会计制度规定按法定程序及核定预算举借的债务,即中央预算按全国人民代表大会批准的数额举借的债务以及由中央财政和地方财政按照国家法律、国务院规定向社会以发行债券等方式举借的债务都笼统地在"借入款"账户核算,该账户没有根据负债的偿还期限进行短期借款和长期借款的区分。这种对政府负债不按流动性进行分类的做法,直接影响到财政部门资产负债表中政府负债信息决策的有用性,既不利于按照负债信息合理安排偿债资金,也不利于据此分析政府负债的短期和长期偿债能力。随着地方发债权的逐步放开,出于防范基层政府财政风险的需要,更有必要对地方政府债务进行期限长短的分类核算。

6.2 国外会计改革加强债务管理的经验

6.2.1 美国

美国是地方债务规模较大的国家，由于奉行凯恩斯主义，预算支出大幅膨胀，政府债务危机加剧，政府会计无法反映政府财务风险及受托责任的缺陷充分暴露。地方政府主要通过发行市政债券、银行借款和融资租赁等形式进行债务融资，市政债券是其中最重要形式。市政债券几乎全部由居民户、基金机构、商业银行和保险公司购买。美国政府为了有效应对地方政府债务风险，逐步形成了以法律法规行政监控、信用评级制度和信息披露制度为主要内容并接受监管机构监督的风险控制框架。市政债券具有完善的信用评级制度，投资者通常依靠评级机构的信用评级来判断一种市政债券的信誉。政府也建立了严格的信息披露机制，市政债券的发行者必须向投资者提供准确有效的信息，保证投资者能够合理地理解和评价所要购买的债券。

经过长期的探索，美国形成了一套比较行之有效的加强地方政府债务管理的会计制度体系。20世纪60—70年代，只有几个州编制以一般公认会计原则（GAAP）为基础的政府财务报表，到了90年代，这种情形已经扩展到几乎所有的州政府。州和地方政府必须遵循政府会计准则委员会（GASB）在《政府会计、审计和财务报告》（1983年）中建立的政府债务报告基本准则，记录和报告政府债务。在市政债券存续期内对于城市财政和法律状况发生的任何重大变化，市政当局都必须及时披露相关信息。1989年，证券交易委员会（SEC）通过修订《证券法》的有关规则,进一步提高市政债券信息披露的质量和及时性。为了进一步预防市政债券市场的舞弊行为,证交会分别于1990年和1995年采用了新的市场交易披露原则,要求市政债券发行人和使用人及时地、定期地更新披露信息。这些信息的公开披露大大改善了市政债券信用风险判断所依据的信息状况。2007年12月美国总统布什签署了《政府公开法案》(Open Government Act of 2007),赋予了社会公众查阅政府信息更大的权限,该法案大大节约了公众取得政府信息的成本,满足信息使用者的信息需求。此外,一些行业自律组织还制定了很多指导信息披露的规范性文件,规范发行市政债券时信息披露行为。州和地方政府必须在其政府综合年度财务报告中披露相关的政府债务信息,报表结构从简约到详细,充分反映政府资产负债、财务收支和现金流量等财务信息。在很大程度上满足各个层次和各种类型使用者的一般要求和特殊要求。

美国州和地方政府会计改革先于联邦政府会计改革,人们普遍认为州和地方政府的活动与公民的切身利益更加相关。1986年,美国注册会计师协会(AICPA)承认了CASB制定的州和地方政府会计准则的权威性,和地方政府会计的内容,纳入了美国的注册会计师考试范围,更加使州和地方政府会计为人们关注和熟悉。截至2009年1月,GASB共出台了53项准则,5项概念公告和6项准则解释公告,内容涉及政府财务报告的目标、政府的服务努力和成就报告、政府会计的一般原则、政府财务报告、政府各种具体事项如带薪休假、养老金及其他退休后福利等的会计处理以及一些特殊部门如高校、医院等财务报告等。其中影响最大的准则是1999年GASB颁布的第34号准则《州和地方政府财务报告及管理层讨论与分析》,提出了新的政府财务报告模式,要求州和地方政府不仅要编制以基金为主体的财务报告,还应编制政府整体层面的财务报告以反映政府整体的财务状况,政府整体层面财务报告要采用完全的权责发生制,以全面反映政府的资产、负债以及净服务成本。《州和地方政府财务报告及管理层讨论与分析》中提出新的政府财务报告模式,整合了财务会计信息与预算会计信息,包括管理层讨论与分析、基本财务报表与必要的补充信息三个部分。其中,基本财务报表中的"政府整体层面财务报表"主要披露政府财务会计信息,包括政府财务状况信息、营运成本信息与项目收支信息等方面。而"必要补充信息"部分则要求提供比较预算报表,包括报告期的原始预算、最终预算,以及实际现金流入量、流出量与余额。[①]

6.2.2 澳大利亚

在地方政府债务管理上,澳大利亚实行联邦与地方政府共同协商的管理模式。《联邦宪法》规定:在联邦与州达成协议的基础上,州政府有权进行举债,并有义务对该项债务进行监管和偿还。另外,《诚信预算宪章》《财政管理法案》《完整政府预算法》《强化职能履行报告法》等法案对地方政府债务的举借及管理亦有较为具体的规定。20世纪20年代以来,经过不断的探索和创新,澳大利亚的借款融资、项目管理、资金使用和债务偿还及政府的信用评级管理均步入了一种良性互动和健康发展的轨道。

澳大利亚联邦设有协调、监督和控制公共部门债务的专门机构—借款委员会(Loan Couneil)。该委员会成立于1927年,隶属于财政部,成员包括联邦、州和自治区的财政邵部长共9人、

---

① 张琦,程晓佳. 政府财务会计与预算会计的适度分离与协调:一种适合我国的改革路径 [J]. 会计研究,2008(11).

联邦财政部部长担任主席。委员会中每一个州都拥有 1 张表决票，联邦政府则拥有 2 张表决票和 1 张决定票，只有至少 5 个州联合起来反对才能够否定或推翻联邦政府的决定。借款委员会的目标主要包括：推动国内外市场更易于监督和审查公共部门借款融资及其使用情况；根据国家财政政策目标进行有效的调控和协调；在国家大政方针之下，确保地方各级政府在财政政策的决策方面拥有较大的自由度。各州政府还需定期向借款委员会提交筹资战略与平衡规划，借款委员会在综合分析资本市场和宏观经济条件的基础上，进行审查和综合平衡。各州还要将借款融资及其使用情况，按照借款委员会确定的统一框架要求，严格进行季度报告和年度报告。借款委员会还负责审查各级政府呈报的季度报告和年度报告，并鼓励和支持资本市场对整个借款融资及其使用情况实施监督。

澳大利亚对地方政府借款融资的监管，在很大程度上依赖于金融资本市场规则对整个借款融资活动的引导和规范。标准普尔等国际知名信用评级机构的参与，为各级政府提供客观、公正和公平的信用评级服务，从而有助于确定各级政府借款融资的利率水平。如维多利亚州就将保持 3A 信用等级作为政府的财政战略之一，自 20 世纪 90 年代以来，一直保持 3A 信用等级。除维多利亚州外，澳大利亚联邦、新南威尔士州和南澳大利亚州也是 3A 信用等级，其他州虽然信用等级略低，但基本上为 2A 级水平。

为了应对地方政府债务风险，1997 年，澳大利亚实施了《财务管理与受托责任法案》，建立了较为完整的地方政府债务报告制度。地方政府必须遵循澳大利亚会计标准体系和政府财务标准体系共同框架确定的原则，将借款委员会批准的借款分配及其调整情况真实、完整地反映在地方政府预算报告中。会计标准要求预算报告必须对贷款、租赁、抵押、透支款项以及其他负债进行全面反映。政府财务标准要求政府反映其某一时点的净资产情况，同时还要报告资产、负债和净资产在组成、价值上的变动情况。澳大利亚州政府要求地方政府除了报告直接债务外，还需要披露或有负债。澳大利亚统计局还在每个日历年度开始前公布"出版物和数据产品公布时间表"。所有有关财政数据信息的出版物都可以在澳大利亚统计局网站上获得；有关政府财务报告和预算报告都可以在澳大利亚财政部网站上获得。①

6.2.3 新西兰

新西兰各级政府之间职责划分较为清晰，实行分税制，地方政府不仅享有税收立法权，还享有举债权。20世纪80年代，新西兰经济出现了增长放缓，政府财政公共部门支出却大幅上升，陷入了严重的财政危机。财政困境迫使新西兰政府改革公共治理，在政府会计改革方面，由过去对预算收支的记录反映，转而侧重考核政府绩效和履约责任。《地方政府法》明确规定，地方政府必须根据本级政府的长期或年度计划确定其债务规模。经历了持续的扩张性财政政策造成巨额财政赤字后，新西兰地方政府坚持"非负债经营"的理财理念，地方政府债务规模相对较小。地方政府借款遵循《地方政府法》的相关规定，合理确定借款规模，编制债务预算，任何追加借款必须经政府讨论通过。如惠灵顿市政府将其债务按照期限（通常为12个月）严格划分为短期债务和长期债务，政府的借款计划需由市议会讨论通过，并反映在其年度计划或长期计划中。

---

① 赵倩. 财政信息公开与财政透明度：理念、规则与国际经验［J］. 财贸经济，2009（11）.

第6章　国外政府债务管理与政府会计经验借鉴与启示

为了考核政府绩效，新西兰借鉴企业会计的规则，改革政府财政与会计制度。1991年12月，新西兰政府整体的财务报告正式转为以权责发生制为基础，成为世界上第一个在政府会计中全面推行权责发生制的国家。新西兰建立了较为完整的政府债务报告体系，政府预算平衡表、政府综合财务报表（包括资产负债表、利润表和现金流量表）、年度计划报告、财政状况报告及融资效果报告，都从不同角度反映政府债务情况。与权责发生制政府会计改革的成就相一致，新西兰的政府负债确认范围也较全面，不仅囊括了全部显性直接负债，还以计提准备的方式确认了部分或有负债。新西兰也是当前为数不多的建有完整政府或有负债核算与披露体系的国家之一。除在资产负债表中披露直接显性负债外，还对或有负债单独编制报告，并结合报表附注加以说明。报告的或有负债内容包括：担保和补偿；因立法程序或抗辩引发的负债；向政府要求的个人伤害赔偿等。或有债务报告不仅说明或有债务的总规模和发生的概率，还用分立的表格显示每个部门和机构的详细或有债务，或有负债作为纳入预算的表外项目，根据不同特征分为可量化和不可量化两类，被赋予了特定的会计核算方式。一旦或有负债处于触发状态，将会立即在资产负债表中予以反映。[①] 1994年、新西兰中央政府公布了《1994新西兰财政责任法案》（New Zealand's Fiscal Responsibility Act of 1994），要求中央政府必须在一年内或半年内，在财政报告中公布或有负债的相关数据，且必须提交国会通过，并在政府网站上公布。

新西兰的债务管理问责机制也比较健全，《地方政府债务法案》详细规定了对政府债务违约的限制和惩罚措施。该法案规

[①] 马蔡琛，尚妍. 公共债务危机中的政府会计改革研究 [J]. 经济纵横，2014（12）.

定：地方当局无法全额和持续支付特别债券的本金或利息，将向债券或股票持有人额外支付违约金额的 5% 作为赔偿金；一旦地方当局连续 28 日无法全额和持续支付偿债基金的分期偿债额，地方债务委员会将向地方当局追索债务或是提请高等法院指派一名财务委托管理人追索债务。

6.2.4 英国

作为传统的福利经济国家，英国在 19 世纪 70 年代末到 20 世纪 80 年代初面临着严重的经济困境。财政入不敷出，经济出现衰退，催生了新公共管理运动。保守党领袖撒切尔夫人执政后，大规模推行私有化改革，在行政领域推行以顾客为导向的服务型政府的构建，并最终摆脱了财政危机。政府会计改革方面的特色是引入了资源会计与预算制度（Resource Accounting and Budgeting，RAB），以政府各部门占有、使用的资源为中心，以权责发生制为基础编报预算并进行会计核算，将政府部门以及政府作为一个整体提供财务报告，从而提高了政府的财政透明度，改善了公共部门管理。

1994 年英国财政部发布的绿皮书《更好地核算纳税人的钱——政府的资源会计和预算》（Better Accounting for the Taxpayer's Money：Resource Accounting and Budgeting in Government），正式提出"资源会计""资源预算"的概念。1997/1998 财年，大部分政府部门开始模拟运行资源会计；1998/1999 财年，所有政府部门都实行了资源会计；1999/2000 财年，经审计的资源会计首次报送议会并对外公布；同时，部门预算开始按照权责发生制运行。2000/2001 财年，第一次编制资源会计以及权责发生制基础上的政府预算，政府会计与预算同时实行权责发生制。2000 年 7 月英国议会通过了《政府资源与会计法案（2000）》，这一方案将前期改革成果固化下来、并为后续变革奠定法律基础。

英国地方政府会计变化主要是靠会计职业团体力最推动向前发展的，是一种自下而上的缓慢变革，权责发生制的应用范围也是逐步扩展的。① 英国地方公共部门主要遵循特许公共财务与会计师协会（the Chartered Institute of Public Finance and Accountancy，CIPFA）制定的各项会计实务公告。该协会以企业会计准则为基础，对外公布"推荐实务公告（Statement of Recommended Practice，SORP）"，由于它只是一个中介组织，其制定的会计准则没有法定强制力。因此，英国政府同时发布规章。要求各地方公共部门要应用合适的会计案例进行处理，如特许公共财务与会计师协会制定的各项"推荐实务公告"，这就使大部分地方政府部门实际执行的都是该协会制定的各项准则与制度。

英国的公共部门主体编报财务报告必须遵守财政部的规定，在年度结束后的 3 个月内（每年 3 月 31 日前），要编制完成基于权责发生制的年度财务报告，报财政部。根据《政府财务报告手册》，财务报告主要由年度工作报告、会计主管职责公告、内部控制声明、主要财务报表及附注，以及审计报告五部分组成，其中主要财务报表及附注是核心的部分。各部门对外公布的财务报表主要包括：部门净成本总额（含本期支出和资本性支出）、总现金需求额以及二者之间的协调表；净营运成本总额及可确认的利得损失表；资产负债表；现金流量表以及政府部门净营运成本总额表，报表后附有报表附注。

为配合权责发生制的实施，英国规定了严格的内部控制与内部审计制度，有效保证了各部门财务信息的真实性与可靠性。各

---

① 陈璐路. 英国政府会计管理与改革情况及对我国的启示［J］. 会计研究，2007（10）.

政府部门的内部审计工作由部门内部的独立机构进行，并直接向最高管理者报告。此外，英国还建立了严格的外部审计制度，即由审计署（负责中央部门）以及审计委员会（负责地方部门）进行的外部审计。审计署对中央各部门的审计，主要围绕以下方面进行：一些财务审计，监督各部门的公共资金是否按规定用途使用；二是资金绩效审计，监督各部门的公共服务是否高效提供。地方审计委员会的相关职能，与审计署基本相同。

6.2.5 巴西

20世纪80年代以来，由于联邦政府预算约束软化，巴西曾先后暴发三次大规模的债务危机，地方债务高位运行，整个经济濒临破产。第一次债务危机发生于20世纪80年代，为了实行进口替代工业化战略，经济处于起飞阶段的巴西在国际金融市场大量举债。20世纪80年代末，第二次石油危机引发了国际债务危机，急速攀升的利率大大加重了巴西的还本付息压力，各州都被迫停止了对国外债权人的债务偿还。作为担保人，巴西中央政府不得不与国外债权人达成协议，由中央政府接管州政府190亿美元外债（相当于GDP的2%），期限为20年。1993年，各州政府纷纷出现无力偿还联邦金融机构债务的违约行为，引发了第二次债务危机。危机发生以后，联邦政府开始采取措施规范各州举债，但并未从根本上建立全面有效的债务风险控制机制。第三次债务危机爆发始于州政府拒绝履行偿债义务，引发金融市场剧烈震荡。中央政府再一次承诺援助，并授权州政府将其债券兑换为联邦或中央银行的债券。中央政府发行中央债券。27个州中的25个和183个市级债务余额占地方总额的95%签订了债务重组协定。

在经历了三次地方债务危机后，巴西联邦政府1998年起果断实施改革，推出了旨在全面加强地方政府债务管理的"财政稳定计划"，全面加强地方政府债务管理，效果较为明显。主要措施有：实施增加公共部门盈余的财政调整政策；加快推进社会保障与行政管理领域的体制改革；研究制定债务管理的法律法规体系。巴西从 2000 年开始就明令禁止中央政府向州及市政府融资，如果州及市政府将其债务转嫁给联邦政府，则其在完全分期偿还债务前不得举新债。2000 年 5 月，巴西政府颁布了《财政责任法》，确立了公共财政规则，强化了财政及债务管理责任。《财政责任法》及其配套法案，建立了三级政府在财政及债务预算、执行和报告制度上的一般框架，制定了操作性极强的规范地方政府举债的量化指标。《财政责任法》规定，如不履行规定的义务，对责任人将进行处分，严重的将给予革职、禁止在公共部门工作、处以罚金甚至判刑等处罚。

建立债务定期报告制度，财政透明度制度，在巴西联邦政府控制地方政府债务规模时发挥了重要作用。据 OECD 测算，2006—2010 年，巴西的财政透明度指数均保持在 70% 以上，在新兴国家中处于领先地位。[①] 巴西地方政府每年须向联邦政府汇报财政账户收支情况，每 4 个月须发布由地方行政长官签署的政府债务报告，并向社会公众披露。如果在 8 个月的宽限期内地方政府未能将债务规模调整到法律规定的限额内，该地方政府将列入财政部公布的黑名单。信息披露主要依靠与所有银行联网的国家信息系统，所有借贷交易情况必须在信息系统中登记，否则将被视为非法交易。信息系统公开透明，任何政府和银行都能查看相关信息。系统自动运行，不能人为控制，债务规模的限额和申

---

① 罗涛. 中外政府财务报告审计现状比较与启示——2011 年巴西联邦政府财务报告审计专题研讨会综述 [J]. 审计研究，2012（4）.

请先后顺序不能更改。① 国家信息系统成为债务监控信息的主要来源，有了可靠的债务信息，中央政府才能确定地方政府的债务规模是否已经达到了法定限额，从而有的放矢，果断应对。

6.2.6 日本

日本是一个实行地方自治的单一制国家，地方政府债务管理以行政控制为主，通过严格的地方政府债务计划与协议审批制度实现地方政府债务精细化管理。第二次世界大战以后日本中央政府（主要由大藏省和自治省）每年都编制地方政府债务计划，主要内容包括地方政府债务发行总额、用途、各种发行方式的发债额。地方政府债务计划无强制执行的效力，但规定了中央政府认购地方政府债务的规模及地方政府债务的具体用途，自治大臣在审批各地方政府的发债申请时，以该计划为依据。1940年，日本首次实行地方政府债务年度总额控制，发债主体以大城市为主，发行对象为都、道、府、县以及市、町、村等，此外，日本地方自治治法也赋予了特别地区、地方公共团体联合组织以及地方开发事业等特殊地方公共团体举债权。

20世纪80年代中期，日本地方财政状况逐步恶化，地方政府债务规模不断增大。日本政府提出了政府会计制度改革，将企业会计的方法引入政府会计中。改革目标在于：强化资产和债务管理，公开财务信息，使预算编制、决算分析与政策评价有机结合，强化议会对预算和决算的审议等。② 1988年熊本县、神户市等地方政府开始试行编制年度资产负债表。1999年在《日本经

---

① 财政部财政科学研究所课题组. 我国地方政府债务态势及其国际借鉴：以财政风险为视角 [J]. 改革, 2009 (1).

② 杨华, 肖鹏. 日本政府会计制度改革的经验与启示 [J]. 中国行政管理, 2012 (4).

济重生战略》中，要求地方政府试行编制包括一般预算、特别预算、特殊法人等公共团体在内的合并决算，公布财务报表等。2000年以来日本政府出台了一系列改革措施力图重建地方财政。改革后，地方政府的负债情况较为全面地得以在资产负债表中体现，地方政府及公营企业的财务信息经议会审议并向社会公开，便于居民了解地方财政的基本状况。2000年总务省颁布《关于地方公共团体综合财政分析调查研究会报告书》，推出地方政府"一般预算资产负债表"编制范本。2003年总务省在《有关政府会计的基本考虑》中，再次强调引入权责发生制、提高预算透明度的重要性，积极推动各地普及"财务报表"的编制。2008年总务省要求地方政府引入权责发生制政府会计制度，要求全国约1800个地方政府从2009年度（2008年度决算）开始，按照《新地方公共会计范本》编制财务报表，力图能更准确地反映地方政府总的资产、负债等财务状况，使地方政府债务更加公开透明。自此，日本的财政管理方式由以保持年度财政平衡为目标的"流量管理"开始转向"存量管理"。[①] 同时，以《地方公共团体财政健全化法》（2009年）为基础，制定全国性的统一的衡量地方政府财政状况的"财政健全化"和"公营企业经营健全化"的指标体系，力图尽早发现地方财政中存在的问题，特别是隐性债务问题。

日本审计机构主要由国家会计检察院和地方监察委员会构成。会计检察院是日本的最高审计机关，属于国家行政序列，但独立于内阁，不受政府干涉，负责对中央收支决算及法律上规定的会计事项进行审计监督；地方监察委员会负责对地方政府财政收支及行政行为进行审计监督，对每一审计对象，监察委员会分

---

① 后滕和也. 地方公共团体的资产、债务改革 [J]. 地方财务，2010（10）.

别出具一份审计报告,直接提交给国会或委托审计的政府部门。对于审计中发现的问题,监察委员会通常不会直接做出处理,而是提出改进措施或意见,建议管理部门实施处罚。实际上,监察委员会所提建议一般很受重视。

6.3 国际经验带给我们的启示

6.3.1 财政困难成为政府会计改革的助推动力

许多国家由于政府的社会福利制度的成本日益上升,政府提供服务的范围与规模大大扩展,而税收的增长受到限制,财政收支矛盾日益尖锐。持续的财政扩张政策,造成巨额财政赤字,陷入财政困境,影响经济和社会的稳定与发展。在增加税收不可行的情况下,政府只能从自身改革。财政或经济危机促使政府重视整体的财务状况,重视财政绩效的准确评价和衡量,重视公共产品和服务的成本。为此,政府必须加强支出管理,更加注重财政政策的长期效应,高效地使用资源,从而控制赤字和公债规模。在这种情况下,政府会计改革和预算信息公开成为必然,这是政府本身提高管理水平的要求,也是立法机构和社会公众对政府活动加强监督的要求。改革后的政府会计的基本职能是:不仅能够反映本财政年度政府部门的财政收支数额,是否遵循立法机构审批的预算执行,还要能够预测当期政府财务活动对未来可能产生的影响。政府会计的改革与有效实施,尽管不能从根本上消除债务危机,却能从事前角度,反映政府面临的财务风险;从事中角度,控制政府借贷行为,遏制财务风险的继续扩大。

6.3.2 权责发生制基础成为政府会计改革的大趋势

在各国政府活动的早期，公共管理业务较为简单，政府财政管理的重点是合法组织预算收入、合理分配预算资金，因此传统上基本采用收付实现制的预算体制，并通过收付实现制的预算会计来核算和报告预算执行情况。随着政府职能所控制资源和承担责任以及收支规模的逐步扩大，公共管理业务日趋复杂，政府在保护公共资产的安全完整、防范财政财务风险、提高公共资源的使用效率和效果、推动财政可持续发展等方面的财务受托责任不断增强，传统以收付实现制为基础的预算会计系统仅具备核算和报告预算收支的单一功能，无法满足政府全面解除其财务受托责任、提供绩效评价所需的资产负债、成本绩效等方面信息的需要。客观上促使各国实施政府会计改革，建立权责发生制基础的财务会计系统。将政府的全部公共受托资源及责任义务，以及全部财务收支活动都纳入政府会计核算范围，全面、完整、系统地反映政府的财务状况和财务活动结果。

6.3.3 债务信息透明是控制政府债务的有效手段

从国际经验看，如果公众对政府的收支状况一无所知，就难以约束政府的资金投向，通过政府会计制度改革，对地方政府债务进行更为科学合理的确认及计量，从而为督促其更科学、有效地运用债务资金，防范债务风险起到积极作用。建立债务信息公开制度，要求地方政府编制资产负债表，将其负债及其偿还情况向公众公开，即透明化。如巴西解决第三次地方政府债务危机后，财政透明制度在联邦政府控制地方政府债务规模时发挥了重要作用。发达国家普遍形成了较为健全的债券市场机制、促使其注重财政信息的透明，特别是债务信息的透明。新西兰等国还建立了或有负债报告制度，除了报告直接债务外，还要披露或有负债，以全面准确反映政府资产负债状况和成本费用情况，为防范财政风险和公众监督提供有用的信息支持。

6.3.4 政府会计改革需要法律法规、会计准则等提供保障

对地方政府的融资来源、资金管理、投放范围到债务偿还都应该有明确的法律规定，完备的法律法规对地方政府债务管理来说是必不可少的。政府会计改革的一个重要目标是充分披露政府财政信息，进行改革应从法律层面出台和颁布相关法律法规，要求公开披露政府债务的有关信息，如巴西的《财政责任法》、新西兰的《地方政府法》等。在这些法律中，对财政信息公开的内容、分类、程度、出现有严格清晰的规定，有利于执行和操作。再者，政府会计改革的首要任务和关键点是建立和实施统一的政府会计准则，以使政府会计核算和财务报告编报有统一标准。从国际经验看，政府会计改革的基本趋势是在政府会计中引入企业会计的理念、原则和方法。西方国家制定本国的政府会计准则也都不同程度地参考了本国的企业会计准则。美国等国都注重通过确保准则制定机构的独立性（独立于政府会计记账、编报等实践应用部门）来确保政府会计准则的中立性，以更好地服务于公众利益。

6.2.5 政府会计改革应循序渐进、逐步推进

会计对经济发展起着十分重要的作用，却又严重依赖于外部环境的变化。世界各国政府会计制度改革的经验，实现收付实现制向权责发生制过渡的国家大多采用了渐近式变迁。与其他模式相比，渐进式变迁具有一个明显的优势，即其对复杂的制度环境有很强的适应性。如新西兰的权责发生制政府预算与会计改革，

第6章 国外政府债务管理与政府会计经验借鉴与启示

从政策制定到全面实施,用了近7年时间,中间克服了来自多方的压力和阻力。英国从计划实施权责发生制会计到政府会计与预算同时实行权责发生制,共用了8年的时间。澳大利亚从着手对政府会计和预算改革事宜进行研究,到颁布《财政管理法案》,明确要求在政府会计中引入权责发生制,前后也用了10年时间。美国的政府会计改革也是一个循序渐进、逐步推进的过程,直到目前联邦政府年度综合财务报告尚未得到无保留意见的审计报告,仍在不断地调整与改进。整个政府会计改革是一个不断转变思想、统一认识的过程。在技术方面又是一个不断解决问题、逐步突破的过程。

第7章 政府性债务风险与政府会计改革关系的实证研究

7.1 政府性债务风险推动政府会计改革的实证研究

7.1.1 假设提出

受金融危机以及"四万亿投资计划"的影响,各级地方政府为了配合国家的投资计划,同时为了促进地方经济发展,通过发行债券、向金融机构借债以及地方政府融资平台等各种方式大量举借债务。导致政府债务剧增,给政府财政造成了巨大的压力,从长远来看,对地方经济造成了持续性的影响。像冰岛、希腊等国就因为欠下了高额的债务而面临破产,政府面临的财政压力越大,在一定程度上会促

第7章 政府性债务风险与政府会计改革关系的实证研究

使政府对政府会计进行改革,债务风险推动政府会计改革。基于此提出以下假设:

假设1:政府性债务风险越高,越有可能推动政府会计改革。

7.1.2 样本选择与数据来源

政府性债务风险对于国家稳定和社会正常发展具有重要影响,在财政危机的影响下,以OECD为代表的许多国家对政府会计进行改革。本书选择OECD组织成员国家作为研究对象,以2003—2017年作为本书的研究区间。在样本选择时,对于一些数据不全的国家进行了剔除。最终确定了31个OECD国家共计465个样本。本书数据的来源是OECD组织网站、世界银行数据库、世界治理指数数据库、国际财务报告准则委员会网站等网站,其他的一些相关数据主要是通过手工进行收集。

7.1.3 模型设计及变量定义

为了检验假设1,构建以下模型:

$$GAR = \alpha_0 + \beta_1 GBP + \beta_2 GFS + \varepsilon$$

其中,GAR表示该国是否进行政府会计改革。α_0为常数项。GBP是指政府性债务占本国GDP的比重。GFS则表示政府财政盈余的情况。ε为政府会计改革式中的余项。β_i为回归系数表达式。被解释变量、解释变量和控制变量定义,变量解释以及变量预期与政府会计改革相关性,如表7-1所示:

表7-1 变量定义及解释

变量类型	变量名称	符号	变量定义	预期符号
被解释变量	政府会计改革	GAR	是否实现由预算会计体系向预算会计体系和政府财务会计体系并存判断,是1否则取0	

续表

变量类型	变量名称	符号	变量定义	预期符号
解释变量	政府债务压力	GBP	政府性债务占 GDP 的比重	+
控制变量	政府财政盈余	GFS	财政盈余（赤字）占 GDP 比重	-

7.1.4 实证结果与分析

（1）描述性统计。由表7－2可以看出，31个样本国家大部分进行了政府会计改革。政府性债务压力最大值为238.18，最小值为7.20，平均值为74.61，表明各国政府性债务水平有较大的差距。政府财政盈余最小值为 －32.06，最大值为18.63，均值为 －2.12，表明31个样本国家财政盈余状况不同。

表7－2　　　　　政府会计改革描述统计量

变量	N	极小值	极大值	均值	标准差
GBP	465	7.20	238.18	74.61	43.15
GFS	465	－32.06	18.63	－2.12	4.52
GAR	465	0	1	0.50	0.50
有效的 N	465				

注：表中数据进行了四舍五入，仅保留两位小数。

（2）政府会计改革回归模型检验。由表7－3可知，在控制变量政府财政盈余时，政府会计改革与政府性债务压力之间是正相关关系，因而可以看出，政府性债务压力越大越有可能刺激政府当局进行政府会计改革，初步验证了假设1的正确性。

第7章 政府性债务风险与政府会计改革关系的实证研究

表7-3　　　　　变量 Pearson 相关性检验

控制变量			GAR	GBP
GFS	GAR	相关性	1.000	0.116
		显著性（双侧）	—	0.012
		df	0	462.000
	GBP	相关性	0.116	1.000
		显著性（双侧）	0.012	—
		df	462.000	0

为了更进一步验证假设1，下面对模型方程的拟合度和显著性进行检验。如表7-4方程拟合度的调整R方值为0.648，说明方程对样本点的拟合度比较高，模型检验方程可以接受。模型检验方程的F值为23.755，Sig.F更改值为0，小于0.01，表明模型检验方程的显著性比较好。

表7-4　　　　　方程R方与F检验

模型	R	R方	调整R方	标准估计的误差	更改统计量					Durbin-Watson
					R方更改	F更改	df1	df2	Sig.F更改	
1	0.805[a]	673	0.648	0.245	0.684	23.755	2	462	0.000	0.462

a. 预测变量：（常量），GFS，GBP。
b. 因变量：GAR。

进一步考察政府会计改革与政府性债务压力的关系，对变量进行显著性检验，由表7-5得出，回归方程的显著性较强。

表 7-5　　　　　　　　　方差分析

模型		平方和	df	均方	F	Sig.
1	回归	10.840	2	5.420	23.755	0.000a
	残差	105.406	462	0.228		
	总计	116.245	464			

a. 预测变量：（常量），GFS，GBP。
b. 因变量：GAR。

由方差膨胀因子 VIF 为 1.229，可以得知所构建模型指标之间不存在共线性问题。由 β 系数的取值以及 P 值看出，政府会计改革与政府性债务压力存在显著的相关性，呈正相关关系，进一步验证了建设的正确性。根据表 7-6 构建政府会计改革一般方程式为：

$$GAR = 0.001 GBP - 0.026 GFS + 0.342$$

表 7-6　　　　　　　　　回归模型结果

模型		非标准化系数		标准系数	t	Sig.	共线性统计量	
		B	标准误差	试用版			容差	VIF
1	（常量）	0.342	0.045		7.640	0.000		
	GBP	0.001	0.001	0.123	2.512	0.012	0.814	1.229
	GFS	-0.026	0.005	-0.231	-4.705	0.000	0.814	1.229

a. 因变量：GAR。

（3）政府会计改革实证结论。通过实证分析得出：在当前政府持续执政的情况下，如果政府性债务压力的水平越高，那么当局政府将越有可能对政府会计进行改革。政府性债务风险将会严重影响国家的经济发展和社会的稳定，因而当政府性债务压力越大会在一定程度促进政府会计进行改革。

7.2 政府会计改革对政府性债务风险的实证研究

7.2.1 假设提出

地方政府债务作为政府债务的重要组成部分，本书研究政府会计改革对政府性债务风险的影响，主要以地方政府债务规模作为政府性债务风险的主要代表。政府会计改革之后从以下几个方面对政府性债务风险产生了影响，第一，政府会计改革拓宽了负债的确认范围，因而可能会导致政府债务规模的上升。第二，政府会计改革可以全面反映资产的状况，因而可能会导致净资产越高的地方政府，具有较高的投资欲望，进一步导致政府债务规模的上升。第三，政府会计改革使信息披露更加充分，因而可以帮助地方政府进行债务管理，及时预防政府性债务风险。第四，政府会计改革引入双分录平行记账，可以对每笔业务的发生进行监测，因而可能对政府官员的过度投资以及腐败等行为进行监管，抑制地方政府债务规模的上升。因此，提出以下假设。

假设2：政府会计改革可以有效降低地方政府债务规模的上升。

7.2.2 样本选择与数据来源

选择2017年作为政府会计改革试点的18个地区作为实验组样本，包括河北省、陕西省、河南省、海南省、吉林省、湖北省、黑龙江省、江西省、浙江省、山西省、广东省、安徽省、北京市、天津市、上海市、重庆市、广西壮族自治区、内蒙古自治区。其他尚未进行政府改革的地区12个，包括山东省、江苏省、福建省、湖南省、宁夏回族自治区、青海省、甘肃省、新疆维吾尔自治区、四川省、贵州省、云南省、辽宁省。研究这30个地区2016年未进行政府会计改革和2017年部分进行政府会计改革，共计60个样本。数据主要来自各省市财政厅官网通过手工收集，以及Wind数据库。

7.2.3 模型设计及变量定义

为了验证假设2，构建如下模型：

$$\Delta DEBT_{i,t} = \alpha_0 + \beta_1 ADP_{i,t} + \beta_2 REY_{i,t} + \beta_3 ADP_{i,t} \times REY_{i,t} + \beta_4 REV_{i,t} + \beta_5 INV_{i,t} + \beta_6 DEF_{i,t} + \beta_7 GDP_{i,t} + \varepsilon_{i,t}$$

被解释变量、解释变量和控制变量定义，变量解释，如表7-7所示：

表7-7 变量定义及解释

变量类型	变量名称	符号	变量定义
被解释变量	地方政府债务发行规模的增长额	$\Delta DEBT_{i,t}$	地方政府债务发行规模的增长额 = 地方政府债务本年余额 - 地方政府债务前一年余额 × 国家规定的发债规模限额增长率
解释变量	采用政府会计改革虚拟变量	$ADP_{i,t}$	已采用的地区取1，未采用的取0
	政府会计改革年份虚拟变量	$REY_{i,t}$	已变革年份取1，未变革取0
控制变量	一般预算收入	$REV_{i,t}$	地方政府当年的预算收入
	全社会固定资产投资额	$INV_{i,t}$	地方政府当年的全社会固定资产投资额
	财政赤字	$DEF_{i,t}$	地方政府当年的财政赤字
	地区生产总值	$GDP_{i,t}$	地区生产总值

7.2.4 实证结果与分析

(1) 回归分析。根据上述研究假设和研究样本,采用 SPSS19 统计软件对所选取的样本数据进行回归处理,见表 7-8。由表 7-8 可以看出 ADP×REY 系数为负,并且在 0.01 的水平上显著,因而可以得出已经进行政府会计改革的地区比未进行的地区,地方政府债务规模显著下降,即政府会计改革可以降低地方政府债务规模的上升,支持假设 2。

表 7-8 政府会计改革对地方政府债务规模的影响

因变量	$\Delta DEBT_{i,t}$	
自变量	β	T
ADP×REY	-5.878***	-1988
INV	0.175***	-0.0453
LN REV	2789**	-1176
DEF	1.427**	0.695
GDP	-0.0225	-0.0678
Constant	-13485*	-7649
Observations	60	
Number of year	2	
R-squared	0.573	

注:*** $p<0.01$,** $p<0.05$,* $p<0.1$。下同。

(2) 稳健性检验。对于稳健性检验,从以下两个方面进行,第一将因变量地方政府债务增长相对额换为地方政府债务增长绝对额;第二扩展样本量,将省会城市加入样本,进行稳健性检验。从表 7-9 回归 1 可以看出,将因变量更换后 ADP*REY 的系数仍然显著为负,也就是政府会计改革会降低地方政府债务规模的上升。但是不同的是,系数从 -5.878 变为 -0.748,由此可见，以地方政府债务相对增长额比地方政府债务绝对增长额更能反映两者的关系。从回归2可以看出 ADP×REY 的系数仍然显著为负，表明政府会计改革确实降低了地方政府债务规模的上升，但是系数从 -5.878 降为 -0.646，模型的拟合度也从 0.573 降为 0.314。

表 7-9　　　　　　　　稳健性检验

自变量 \ 因变量	$\Delta DEBT_{i,t^*}$ β(t) (1)	$\Delta DEBT_{i,t}$ β(t) (2)
ADP×REY	-0.748*** (-0.156)	-0.646*** (-0.217)
INV	-5.36E-06 (-5.24E-06)	1.57E-05** (-7.67E-06)
LN REV	-0.465 (-0.353)	0.107 (-0.34)
LN DEF	-0.0835 (-0.216)	-0.175 (-0.127)
LN GDP	1.632*** (-0.365)	0.674* (-0.412)
Constant	-3.045** (-1.525)	1.932 (-1.657)
Observations	60	90
Number of Area	30	55
R-squared	0.215	0.314
Effect Model	Fixed	Fixed

注：括号内为 t 值。

（3）政府会计改革实证结论。通过对政府会计改革对地方政府债务规模的影响进行实证分析，可以得出，政府会计改革会降低地方政府债务规模的上升，并通过了稳健性检验，由此可见政府会计改革能反过来影响地方政府债务规模，进而降低政府性债务风险。

7.3 结论与建议

7.3.1 研究结论

本书主要对政府性债务风险与政府会计改革之间的关系进行研究。一方面，以 31 个 OECD 成员国为研究样本，通过世界银行数据库、OECD 组织网站，通过汇总、筛选和计算 2003—2017 年的相关数据，发现政府性债务压力越大，政府越有可能进行政府会计改革。可见，政府性债务风险会促进政府会计改革。另一方面，政府会计改革之后是否能够降低政府性债务风险，本书以我国 2017 年作为政府会计改革试点的 18 个地区和未进行政府会计改革的 12 个地区为研究样本，通过对 2016 年改革前和 2017 年试点改革年份进行研究，发现政府会计改革会降低地方政府债务规模的上升。可见，实施政府会计改革能够降低政府性债务风险。由此得出，政府性债务风险可以促进政府会计改革，政府会计改革之后又可以降低政府性债务风险，为进一步推进政府会计改革提供了理论支撑。

7.3.2 相关建议

结合我国政府性债务的现状、政府会计的现状以及政府性债务风险与政府会计改革的实证分析，防范政府性债务风险需要尽快完善政府会计体系，加快政府会计在核算基础以及在信息披露方面的改革，同时推进政府会计改革配套的体制机制的建设，这样才能使政府会计提供完整真实可靠的、具有较高质量的会计信息，有效防范政府性债务风险。

（1）循序渐进推进政府会计改革。政府会计改革是一项长期而且涉及面比较广泛的系统工程，需要平稳进行，才能够顺利开展下去。因为对于政府性债务风险视角下的政府会计改革，针对核算基础，我国之前采用的是收付实现制，能够反映国家的预算执行情况，有其存在的合理性和必要性。但是也存在缺陷，就是不能全面有效地反映政府资产以及负债的情况，特别是对于隐性债务和或有债务，收付实现制并不能对其进行反映。而权责发生制能够全面反映财务状况，包括隐性债务和或有债务的情况，有效防范政府性债务风险。在当前环境下，要循序渐进地进行改革，目前应当采用双重核算基础，也就是说预算会计下采用收付实现制，反映政府的预算执行情况，财务会计下采用权责发生制，全面反映政府的财务状况，这需要一个过程，等待条件成熟之后再逐步过渡到全面采用权责发生制核算基础。

（2）建立各级地方政府债务信息披露平台。政府接受社会公众的委托，对公共财政和公共资源拥有管理的权利，但是政府除了享有权利之外还需要对其受托责任的履行情况向社会公众进行报告。但是政府跟市场类似，由于各个主体之间存在信息不对称，因此也会像市场一样出现失灵的现象，使政府会计提供的信息可靠性降低。我国虽然曾经进行了三次全国性的政府性债务审计，社会公众对政府性债务风险有了一定的认识，但是由于我国并没有建立各级地方政府债务信息披露平台，公众对于政府债务的了解还很有限，不利于发挥公众的社会监督作用。对政府性债务信息进行全面及时的披露，可以使社会大众更好地了解政府债务信息，可以对政府起到监督和约束的作用，一定程度上降低政府性债务风险，因此各级政府应当在其门户网站建立政府性债务信息披露平台或建立相应的会计信息数据库，方便社会大众进行查阅。

（3）健全政府会计法律法规。政府性债务风险推动了政府会计改革，要想使政府会计改革顺利有序地进行下午，必须依靠法律法规作为保障，有法可依是确保政府会计改革顺利开展的条件。但是我国现阶段并没有专门针对政府会计的法律法规，也没有相应的政府会计准则和相关规定，这使政府会计工作过程中各种不规范情况频频发生。虽然我国修正了《预算法》，对国家预算进行了强化管理，又对地方政府债务管理提出了新的要求，同时加强人大的监督，可以从一定程度上降低政府性债务风险。但是要保障政府会计改革有序推进，有效防范政府性债务风险，必须做到有法可依，对政府会计工作进行强制性地规范，因此国家需要出台专门针对政府会计的法律，使政府会计工作在相关法律法规的约束下规范开展，推进政府会计的改革。

（4）强化内部与外部对政府会计信息的监督。第一，要强化政府会计信息的内部监督，内部监督主要指的是国家审计对政府会计的监督。国家审计作为防范政府性债务风险的内部免疫系统，应该发挥预防、揭示和抵御的功能，将存在的风险揭示出来。但是我国的国家审计却没有很好地发挥内部监督作用，没有对政府性债务风险起到预警作用，因为我国国家审计很长一段时间主要侧重于对政府预算执行结果进行审计，而缺乏对政府性债务风险的审计。想有效防范政府性债务风险，必须要充分发挥国家审计的积极作用，国家审计充分起到内部监督作用。第二，要强化社会公众对政府会计信息监督的外部作用。防范政府性债务风险不仅需要国家审计发挥内部监督作用，同时还需要社会公众做好外部监督,双管齐下,才能达到更好的效果。长期以来由于政府掌握管理权,社会公众对政府的受托责任履行情况缺乏必要的关注和监督。要想使社会公众对政府的财务活动以及受托责任履行情况进行关注,政府部门需要积极地建立社会公众对于政府性债务活动的监督渠道,比如可以建立一些举报制度、信访制度,通过网站、公众号等资源及时披露相关的信息,方便社会公众对于政府债务与情况的了解,有效发挥社会公众的外部监督作用,积极防范政府性债务风险。

(5)做好政府会计改革的配套措施工作。政府性债务风险推动政府会计改革,但是政府会计改革是一项涉及较为广泛的系统性工程,要想顺利地进行政府会计改革,必须做好政府会计改革的配套措施工作。这些配套措施工作主要从以下两方面展开,第一,要提升政府会计人员的业务水平和专业素质,由于政府会计人员长期以来采用收付实现制,改革核算基础,对政府会计工作人员来说是一项挑战,因此要提升政府会计人员的业务水平和专业素质,比如进行定期的培训、建立一定的考核机制激励政府会计工作人员等措施。第二,要改进政府性债务会计信息处理技术,进行政府会计信息化建设。目前我国的政府会计信息化程度普遍较为低下,会计信息共享化程度也较低。因此为了配合政府性债务风险下的政府会计改革,我国应当尽快建立科学的政府会计信息系统,实现全国和地方政府债务信息数据共享,积极创新和提升政府性债务信息处理技术,开发相应的软件,提升我国政府性债务会计信息处理的效率和质量,推进我国政府性债务风险下的政府会计改革顺利进行。

我国政府会计改革的路径优化

前面章节对我国目前的政府债务、政府会计的现状进行了分析，对两者之间的关系进行了研究，结果表明政府在债务管理方面，在政府会计方面都存在诸多问题，通过对政府会计进行改革，可以加强对政府债务的管理，政府债务管理的要求又促使政府会计进行改革，本章主要从政府会计改革的角度出发，对其进行不断的完善，使其更好地为政府债务管理服务，为防范政府债务风险做出贡献。

8.1 政府会计规范体系的构建

我国现行的预算会计制度规范体系主要包括《财政总预算会计制度》《行政单位会计制度》《事业单位会计准则试行》《事业单位会计制度》等制度法规。这些制度都是在《中华人民共和国预算法》和《中华人民共和国会计法》的法律指导下制定的。然而，如前所述，我国现行的政府会计制度规范体系存在明显的缺陷，需要研究建立适合我国经济社会发展情况的政府会计规范体系。我们可以借鉴《国际公共部门会计准则》体系的经验、美国政府会计准则以及我国企业会计准则体系的经验，构建出我国政府会计规范体系。我国政府会计规范体系应包括政府会计基本准则、具体准则和政府会计制度。通过我国政府会计规范体系的建立，规范我国地方政府债务的确认、计量和报告，从而使政府会计能提供地方政府债务管理所需的会计信息。

8.1.1 建立政府会计基本准则

我国应构建政府会计基本准则，也称政府会计概念框架，对政府会计准则体系的基本问题做出规范。它应包括政府财务报告目标、政府会计主体、政府会计核算基础、政府会计信息质量特征、政府会计要素和政府财务报告模式。政府会计主体包括层次主体，即整体政府主体、地方政府主体；在政府会计基本准则里，政府负债的定义、确认标准和核算基础等应被得到规范。2015年10月，我国财政部正式颁布了《政府会计准则——基本准则》，于2017年1月1正式开始执行。政府会计准则基本准则是概念框架的另一种形式。基于该概念框架，提出补充建议。

（1）政府会计的目标。政府会计准则基本准则主要包括两部分内容，预算会计与财务会计。其中，预算会计指的是，向信息使用者提供关于预算法任何情况，而财务会计指的是通过向信息使用者提供政府财务，从而为信息使用者做出决策奠定基础。将我国政府会计分为预算会计和财务会计，其主要是为我国政府的绩效考核提供基础,同时,为地方的风险防控奠定一定的理论依据,由此可见,政府必须将工作的重心转移到优化财政管理上去。

(2)政府会计的核算基础。在基本准则中提到的预算会计,主要通过收付实现制的方法进行有效评估,由于目前我国正处于发展中国家,直接将采用权责发生制存在一定的隐患,考虑到我国国情,总结提出在已有的政府财务会计,可以依据群体的需求不同,采用不同的权责发生制。

(3)政府会计信息质量特征。一定程度上,基本准则中主要具有以下几方面特点:及时性,相关性,可比性,可理解性及可靠性等。从某种意义上讲,推动政府进行会计改革的主要原因是地方债务风险,由于政府债务核算的范围较小,导致风险一直累积,因此,政府在实行的过程中,必须结合谨慎性与重要性,其中,谨慎性主要指的是政府在进行核算过程中,对于资产的评估处于一个可调控的范围之内,同时,对于政府债务的确认,记录及报告,秉持谨慎的态度。

(4)政府会计假设。从基本准则的角度出发,政府会计主要存在三个明显的猜想,然而,却没有将其一一陈列出来,因此,也就看不出会计的主体是什么。一定程度上、在已有的基础上,新增了会计主体假设这一部分,从某种意义上讲,会计主体的划分在政府会计核算中占据了不可忽视的地位,在我国,政府会计主体主要以各级政府、各级政府部门和单位为主。

(5)政府会计要素及政府财务报告。政府预算会计的核心主要包括三方面内容,预算收入,预算支出与预算结余,主要体现在政府决算报告,另外,值得强调的是,政府财务会计要素主要由七方面内容构成,分别为资产,负债,净资产,收入及费用等,其中,资产又由两部分内容组成,分别为流动资产与长期资产,同时,还可以将负债分为长期负债与流动负债两部分。

8.1.2 构建政府会计具体准则

在政府会计基本准则的基础上,再针对政府会计的各项核算业务和报告事项制定出具体准则。应该有具体准则对政府负债的计量方法以及在政府财务报告中反映与披露要求做出明确的规定。比如,对于地方政府债务中的或有负债和隐性债务,由于计量方面存在难度,不便于进行具体会计核算,可以规定通过附注等方式进行披露。

8.1.3 建立政府会计制度

根据我国政府会计准则体系的内容,建立我国政府会计制度。政府会计制度主要规范政府会计核算的方法和程序,包括会计科目的设置、具体的会计处理方法、报表格式、报表项目内容的列示等,这些内容在政府会计制度中都做出明确的规范,以便于指导实务工作。由于我国政府会计的实践与国际上政府会计的实践有较大差距,与我国企业会计的实践也有较大差距,为了使将来构建的政府会计准则能得到贯彻执行,我国需要在我国政府会计准则体系的基础上制定我国政府会计制度。政府会计制度应包括预算会计制度,但预算会计制度只是政府会计制度的重要内容,不是全部。在政府会计制度中,应明确规定我国地方政府债务的内容、核算方法以及报告方式及其报告的内容。

8.2　我国政府债务会计改革的内容

本书主要是研究政府债务管理与会计改革之间的关系，改革的目的是为了改当前的会计管理现状，保障政府债务信息能与外界能够充分的交流，政府债务管理要想好的发展需要准确完整的信息。因此，政府债务核算是改革的关键。地方政府债务数量大、种类样式多，目前财政总预算只能核对部分债务，其中包括直接显性和直接隐性债务的核算。如果债务信息的完整与准确得不到保障的话，政府会计很难识别出债务信息中存在的潜在危险，更难以防患风险。现金的收入和支出通常利用收付实现制来计算，政府经济资源的流出是由政府负债较多造成的。债务信息的真实和公允会随着所用收付实现制时间的增长而降低，所以建议逐步用权责发生制代替收付实现制。为保障政府会计改革的顺利实施，需要将实施前的准备工作做好，对政府资产负债进行全方位的调查、核实，保障政府能够全面认识当前债务，将债务的种类整齐划分，方便进行债务核算，政府也能更好地处理问题债务，积极探讨，确定改革方向，不断调整，摸索出一条适合政府会计改革的发展路线。

8.2.1　直接显性债务的核算

直接显性债务是指在任何情况下都会发生的政府法定或是合同规定的责任，由于其金额是固定的，直接显性债务是最主要的债务，在所有债务中核算相对比较简单，它主要包括发行的债券、协议借款、预算法规定的应支未支支出、法定的公务员养老金等。下面我们具体的看每一种类型的直接显性债务的核算。

(1)发行债券的核算。地方政府直接显性债务指的是地方政府通过一定方式发行债券而举借来的债务,由于目前我国地方政府不允许直接发行地方债券,地方政府发行债券只能通过下面这几种方式:中央财政发行债券再转贷给地方政府;财政部代理发行地方政府债券;与地方政府有密切关系的企业或下属部门发行债券,所筹资金用于市政建设,这一债券又称为准地方债券。

我们先来看第一种中央财政发行债券再转贷给地方政府的核算。对于地方政府来说,需要承担这部分债务的还本付息,构成了地方政府的直接显性债务。为了能够对这部分债务进行清晰地反映和核算,设置"应付转贷债券"科目,这个科目是负债类科目,能完整地反映政府转贷债券发行、转贷、偿还本金与利息情况。中央财政代表整体政府,作为会计主体;地方财政代表地方政府,作为会计主体。假设中央财政发行债券转贷给地方政府使用,只转贷一次,则核算可按下面的程序进行账务处理,见表8-1。

表8-1 中央财政发行债券转贷给地方政府的核算

分 类	中央财政	地方财政
中央财政发行债券收到款项时	借:国库存款 　　贷:应付转贷债券—— 　　　　本金	
中央财政将转贷债券资金拨付地方财政时	借:应收转贷债券——本金 　　——××地方 　　贷:国库存款	借:国库存款 　　贷:应付转贷债券——本金——中央 同时: 借:国库存款 　　贷:转贷债券收入

第8章 我国政府会计改革的路径优化

续表

分　类	中央财政	地方财政
中央财政和地方财政按期计算债券利息时	借：应收转贷债券——利息 　　　——地方 　贷：应付转贷债券——利息	借：一般预算支出——转贷券利息 　贷：应付转贷债券——利息——中央
地方财政分期偿还给中央财政转贷债券本金与利息时	借：国库存款 　贷：应收转贷债券——本金——地方 　　　应收转贷债券——利息——地方	借：应付转贷债券——本金——中央 　　　应付转贷债券——利息——中央 　贷：国库存款 同时： 借：偿还转贷债券本金支出 　贷：国库存款
中央财政分期偿还发行的转贷债券的本金与利息时	借：应付转贷债券——本金 　　　应付转贷债券——利息 　贷：国库存款	

表8-1中，"应付转贷债券——本金"和"应付转贷债券——利息"科目的贷方余额，表示整体政府层面没有偿还的转贷债券的债务规模，期末列入资产负债表的负债项目；中央财政将发行债券款项转贷给地方财政以及地方财政应偿还给中央财政的本金和利息等，是政府内部间的往来，不影响整体政府负债情况。"应付转贷债券——本金——中央"科目的贷方累计数，反映地方财政实际收到的来自中央财政发行债券的转贷累计金额；"应付转贷债券——本金——中央"科目的借方累计数，反映地方财政实际偿还的中央财政转贷债券的累计金额；"应付转贷债券——本金——中央"科目与"应付转贷债券——利息——中央"科目的贷方余额，表示地方财政尚未偿还的中央财政转贷债务，表示地方财政层面的负债，是地方政府债务的构成内容，编制地方政

府层面的资产负债表时，负债项目应包括此项内容。为了适应我国地方政府预算管理的需要，可以借鉴美国州和地方政府会计中采双轨制会计记账方法的原理，我国可采取双会计分录法。按照我国现行预算管理的有关规定，经国务院批准同意，以地方政府为发行和偿还主体而发行的地方政府债券，其债券收入和支出要实行预算管理。为了实行对上述转贷债券的预算管理，在上述进行账务处理的同时，还要同时编制预算会计分录，具体见表8-1。转贷债券收入与偿还转贷债券本金支出年末全部转入"预算结余"科目，同时年末汇入地方政府年度收支决算总表。但要注意，此项转贷债券收入与偿还转贷债券本金支出的差额形成的预算结余不列入地方政府的资产负债表，因为按前面已记录的负债项目列入资产负债表了，也可认为双会计分录在编制地方政府层面的资产负债表时不能同时用，再列入就重复了。上述处理，政府会计上的处理与预算管理的处理存在差异，政府会计上的处理，发行的转贷债券是负债，要作负债核算处理；而从预算管理的角度看，是预算收入中的债务收入，作为债务收入处理。

第二种，财政部代理发行地方政府债券的核算。财政部代理发行地方政府债券与中央财政发行债券再转贷给地方政府，这两种情况下发行的债券都要由地方政府还本付息，发行的这两种债券形成的都是地方政府债务，其性质是相同的，都是直接显性负债。因此，核算原理基本相同。财政部代理发行地方政府债券，是指以省、自治区、直辖市和计划单列市人民政府（简称地方政府）为债务人，承销商于缴款日规定时间前将认购地方政府债券资金缴入国家金库各省（自治区、市）分库，利息按年支付，地方财政部门在规定时间将还本付息资金足够缴入中央财政专户，财政部（国库司）按照有关规定代为办理地方政府的还本付息。为了便于核算，客观反映财政部代理发行地方政府债券这一债务的借入、偿还等情况，应设置"应付代理债券"科目。财政部代理发行地方政府债券、地方财政偿还代理发行债券这一过程的账务处理如表8-2、表8-3所示：

表8-2　　　　　财政部代理发行地方政府债券的核算

分　类	中央财政	省级财政
财政部代理发行地方政府债券，债券资金缴入国家金库各省（自治区、市）分库时	借：应收代理债券——本金 　　　——××省级 　贷：应付代理债券——本金	借：国库存款 　贷：应付代理债券—— 　　　本金——中央
省级政府使用代理发行地方政府债券的资金时，并由省级财政直接分期计算并支付利息、到期一次还本	借：应收代理债券——利息 　　　——××省级 　贷：应付代理债券——利息	借：一般预算支出——代理债券利息 　贷：应付代理债券—— 　　　利息——中央
省级财政上缴本级承担的代理债券利息时	中央财政代收省级财政部门上缴的代理债券利息时： 借：国库存款 　贷：应收代理债券——利息——××省 上缴或代为支付代理债券利息时： 借：应付代理债券——利息 　贷：国库存款	借：应付代理债券——利息 　　　——中央 　贷：国库存款
地方财政分期偿还给中央财政转贷债券本金与利息时	中央财政代收下级财政部门上缴的偿还代理债券本金时： 借：国库存款 　贷：应收代理债券——本金——××省级 代为支付代理债券本金时： 借：应付代理债券——本金 　贷：国库存款	省级财政上缴本级承担的代理债券本金时： 借：应付代理债券——本金 　　　——中央 　贷：国库存款

表 8–3　省级政府将财政部代理发行地方政府债券再转贷给市级政府

分类	省级财政	市级财政
省级财政对市级财政进行债务转贷时	借：应收代理债券——本金——××市级 贷：国库存款	借：国库存款 　贷：应付代理债券——本金——省级
省级财政和市级财政按期计算债券利息时	借：应收代理债券——利息——××市级科 贷：应付代理债券——利息——中央	借：一般预算支出——代理债券利息 　贷：应付代理债券——利息——省级
市级财政上缴本级承担的代理债券利息时	省级财政代收市级财政上缴的代理债券利息时： 借：国库存款 　贷：应收代理债券——利息——××市级 省级财政上缴中央财政代理债券利息时： 借：应付代理债券——利息——中央 　贷：国库存款	借：应付代理债券——利息——省级 　贷：国库存款
市级财政上缴本级承担的代理债券本金时	省级财政代收市级财政上缴的偿还代理债券本金时： 借：国库存款 　贷：应收代理债券——本金——××市级 代为上缴中央财政代理债券本金时： 借：应付代理债券——本金——中央 　贷：国库存款	借：应付代理债券——本金——省级 　贷：国库存款

地方政府层面："应付代理债券——本金——上级"科目的贷方余额，表示本级地方政府层面没有偿还（或上缴）的代理债券本金规模，构成该级政府的债务，则年末列入该级政府的资

产负债表的负债项目;"应付代理债券——利息——上级"科目的贷方余额,表示该级地方政府层面没有偿还(或上缴)的代理债券利息,构成该级政府的债务,则年末列入该级政府的资产负债表的负债项目。"应付代理债券——本金——上级"科目的贷方累计数,反映该级地方政府实际收到的来自财政部代理发行债券的转贷累计金额;"应付代理债券——本金——上级"科目的借方累计数,反映该级地方政府实际偿还的财政部代理发行债券本金的累计金额。"应付代理债券——利息——上级"科目的贷方累计数,反映该级地方政府应计的财政部代理发行债券利息累计金额;"应付代理债券——利息——上级"科目的借方累计数,反映该级地方政府上缴本级承担的代理债券利息累计金额。由此可见,"应付代理债券——本金——上级"与"应付代理债券——利息——上级"科目能反映各级地方政府由财政部代理发行地方政府债券的借款规模、偿还情况以及尚未偿还的情况。省级财政将财政部代理发行债券款项转贷给下级财政以及下级财政应偿还给省级财政的本金和利息等,是政府内部间的往来,不影响省级政府总体负债情况。为了加强财政部代理发行地方政府债券的预算管理,还要按《财政部代理发行地方政府债券财政总预算会计核算办法》进行预算管理的会计核算。

第三种,准地方债券的核算。地方政府让与自身有密切关系的企业或下属部门发行债券,所筹资金用于市政建设,这种形式的债券又称为准地方债券。目前这一债务由于不是地方政府名义发行的,政府会计不记录,为隐性债务,由于其实质是地方政府债券,应让其显性化,作为直接显性债务。企业具体的账务处理见表8-4。地方政府编制财务报告时,应将这类企业发行债券的相关情况汇入相关债务情况表中,以全面反映地方政府债务情况。

表 8-4　　　　　　　　准地方债券的核算

分　类	企　业
企业发行债券时	借：银行存款 　贷：应付债券——面值
当债券资金用于市政建设项目时	借：在建工程 　贷：银行存款
计算债券利息时	借：在建工程 　贷：应付债券——利息
支付利息	借：应付债券——利息 　贷：银行存款
当在建工程完工交付使用时	借：固定资产 　贷：在建工程
偿还债券本金时	借：应付债券 　贷：银行存款

（2）协议借款的核算。地方政府协议借款，是指地方政府以协议的方式向金融机构等举借的债务。由于我国现行法规不允许地方政府直接向金融机构借款，地方政府采用变通的方式"地方政府融资平台"举借债务，这部分债务被隐藏起来。在明确地方政府举债行为合法性的基础上，根据实质重于形式的原则，让地方政府通过"地方政府融资平台"举借的债务显性化，作为地方政府的直接显性债务。"地方政府融资平台"作为企业形式，通过协议形式向银行借款，并使用借款，应该都有账务处理，只是不归为地方政府债务而已，具体的账务处理见表8-5。地方政府编制合并资产负债表时，将"地方政府融资平台"向银行借款因此而形成的债务以及形成的资产都纳入地方政府层面的合并资产负债表内。

表 8-5　　　　　　　　　协议借款的核算

分　类	企　业
企业向银行借款时	借：银行存款 　贷：长期借款——银行
当借款资金用于市政建设项目时	借：在建工程 　贷：银行存款
计算借款利息时	借：在建工程 　贷：应付利息
支付利息	借：应付利息 　贷：银行存款
当在建工程完工交付使用时	借：固定资产 　贷：在建工程
偿还银行借款时	借：长期借款——银行 　贷：银行存款

（3）法定的应支未支支出的核算。地方政府应承担的法定的应支未支支出责任，根据权责发生制原则，对这些债务进行全面会计核算。这类债务主要包括应付账款的核算，应付未付工程款项的核算，欠发财政供养人员工资的核算，未弥补政策性亏损的核算，具体核算内容见表 8-6。

表 8-6　　　　　　　　法定的应支未支支出的核算

分　类	含　义	账务处理
应付账款的核算	应付账款是指因预算单位通过政府采购等方式购买商品或接受劳务供应而发生的债务。设置"应付账款"科目，反映政府所欠提供商品和劳务单位的账款、偿还情况等。应付账款确认的时间，一般以供应商将与物资所有权有关的风险和报酬已转移给购买方、劳务以接受方已经接受为标志。"应付账款"科目的贷方余额表示政府所欠供应商品或提供劳务单位的账款	发生应付账款时： 借：相关资产类科目（固定资产——材料）等科目或相关支出类科目（经费支出——事业支出）等 　贷：应付账款 支付账款时： 借：应付账款 　贷：国库存款

续表

分 类	含 义	账务处理
应付未付工程款项的核算	由施工单位垫付资金的工程项目，应于年末按照完工百分比法确认工程的完工程度，并相应计算应结算工程款，并确认负债。应设置"应付账款"科目，反映政府所欠施工单位工程项目的账款、偿还情况等。"应付账款"科目贷方余额表示政府所欠施工单位工程项目的账款	施工单位垫付资金的工程项目，年末确认应结算工程款时： 借：在建工程 　　贷：应付账款 支付工程款时： 借：应付账款 　　贷：国库存款
欠发财政供养人员工资的核算	欠发财政供养人员工资，一般发生在基层政府，即县、乡镇层次的基层政府，形成政府的流动负债。应设置"应付工资"科目，反映政府所欠财政供养人员工资及偿还情况等。"应付工资"科目贷方余额表示政府所欠财政供养人员工资数	政府发生财政供养人员应付未付工资时： 借：一般预算支出 　　贷：应付工资 支付所欠工资时： 借：应付工资 　　贷：国库存款
未弥补政策性亏损的核算	未弥补政策性亏损，是指一些企业因政策性因素而造成的亏损，应由政府弥补，由于政府财力问题没有及时弥补形成的企业挂账。未弥补政策性亏损，主要是地方政府应承担的粮食收购和流通中的亏损挂账。这部分政策性亏损已经发生，形成了政府应承担的支出责任，应确认为政府负债。应设置"应付弥补政策性亏损"科目，反映政府应弥补政策性亏损及弥补情况等。"应付弥补政策性亏损"科目贷方余额表示政府所欠企业的政策性亏损金额	企业因政策性因素而发生亏损并被政府认可时，政府： 借：一般预算支出——弥补政策性亏损支出 　　贷：应付弥补政策性亏损 政府支付弥补政策性亏损款项时： 借：应付弥补政策性亏损 　　贷：国库存款

（4）法定的公务员养老金的核算。我们国家的公务员在为政府提供服务时，不仅能够获得当前的工资而且会在未来获得养老金等，公务员在达到法定退休年龄之后享有领取养老金的权

利，给公务员支付养老金就形成了政府在未来的支出项目，这部分支出是地方政府必须承担的，因此构成了地方政府的直接显性债务。对于政府来说，公务员养老金是一项长期负债，其确认金额应为未来政府支付养老金折现后的现值，由于养老金测算时间较长，加上还会受到未来经济以及人口等多方面因素的影响，对于其测算存在较高的难度，目前很少有国家将其确认为负债，借鉴国际上的做法以及测算方法尚未成熟，我国对于此项长期负债可以先不确认。但是可以对于近几年的公务员养老金进行确认，因为近几年的养老金相对容易测算，而且通过对这部分养老金的确认，可以使政府做好资金的筹划，可以使政府更好地对债务风险进行管理。在核算公务员养老金是，应设置"应付养老金"科目。当测算确认应付年内的公务员养老金时，借记"一般预算支出——公务员养老金"科目，贷记"应付养老金"科目；如果公务员养老金由政府支付，支付时，借记"应付养老金"科目，贷记"国库存款"科目。虽然对于长期的公务员养老金我们暂时不予确认，但是由于这部分债务涉及的金额较大，因此我们需要借鉴国外的测算方法，对其进行粗略测算，对于这部分债务要进行适当的披露，因为其对于我国政府财政的长期稳定以及经济社会的发展具有极其重要的作用，会计上要求提前对这些债务进行披露，使政府管理者掌握这些信息尽早做出安排，可以有效防范政府债务风险。

8.2.2 直接隐性债务的核算

直接隐性债务指的是在经济运行中不依附于其他事件而必然发生的、后果可以预见的，任何情况下都存在的负债，但并非基于法律或合同关系的政府责任，而是基于公众和利益集团压力的政府道义责任。地方政府直接隐性债务，是指未来的非法定的、但出于社会道义、政治压力等，地方政府要承担的支出责任。通常情况下，这类支出的发生比较确定，所以属于直接债务，但由于不是法定的，是未来承担的，所以它又是隐性的。我国地方政府直接隐性债务主要包括公共投资项目的未来的资本性和经常性支出，非法定要求地方政府承担的未来社会保障支出责任等。

（1）公共投资项目的未来的资本性和经常性支出。公共投资项目的未来资本性支出通常指的是政府为了当地的经济发展，会通过融资来建设一些公共项目，建设这些公共项目发生的支出即为公共投资项目的未来资本性支出。而这些公共项目建成之后，还会产生一些日常维护和修理的费用，政府出于对公众服务以及负责的角度，对于这部分支出会进行承担，形成了公共投资项目的未来的经常性支出。对于公共投资项目的未来的资本性和经常性支出，由于是政府在未来才会发生的，因此不构成政府的现时负债，不进行确认。但是这部分负债对于政府来说在未来是必然发生的，是政府必须承担的债务，对于政府长期的财政稳定以及社会经济的发展具有非常重要的作用，因此会计上要求对这些未来的债务进行披露，使政府管理者掌握这些信息尽早做出安排，可以有效防范政府债务风险。

（2）社会保障债务的确认与计量。政府的社会保障债务指的是地方政府需要承担的所管辖区的社会保障缺口的支付义务。我国目前的社会保障基金主要包括城镇职工基本养老金保险基金、城镇职工医疗保险基金和其他社会保障基金等。这些社会保障金都出现不同程度的支出缺口，伴随着我国人口老龄化现象越来越严重，这些保障金的支出缺口会逐年增大。对于这部分保障金缺口政府虽然在法律上没有义务必须承担，但是由于保障金的问题涉及的范围较广，对于整个社会的稳定影响较大，因此政府对于这部分缺口不得不承担责任，因而形成了政府的长期债务。

目前这些社会保障基金中缺口最大的是城镇职工基本养老保险基金，由于这部分基金规模较大，对于地方政府来说是巨大的支出。但是由于城镇职工基本养老保险基金也是未来需要支付的，而且其测算受多种因素的影响，同时借鉴国际上的做法，现阶段对于这部分债务政府可以暂时不予以确认，但是由于这部分债务规模巨大，对于整个社会影响较大，对于政府财政的稳定也会产生较大的影响，因此会计上要求对于这部分未来债务要进行适当的披露，使政府管理者掌握这些信息尽早做出安排，可以有效防范政府债务风险。虽然对于长期的社会保障基金支出我们难以测算，但是对于当年政府应当承担的社会保障基金支出应当进行确认，可以帮助政府做好对当年财政资金的安排。在进行核算时应设置"应付社保基金补助款"科目。地方财政测算当年应承担的社保基金补助款项时，借记"一般预算支出——社保基金补助"科目，贷记"应付社保基金补助款"科目；财政部门实际拨付基金补助款项时，借记"应付社保基金补助款"科目，贷记"国库存款"科目。

8.2.3 或有显性债务的核算

或有显性负债是指在特定事项发生的情况下，政府需要支付的法定债务，以及根据法律和政策规定地方政府或财政要兜底的支付事项。最常见的或有显性负债就是以法律合同为基础的政府担保项目，一旦被担保人无法偿还债务，政府就负有代偿的义务。

（1）地方政府或有显性债务的确认、计量与报告。我国地方政府或有显性债务主要是指地方政府提供的担保和承诺的项目。地方政府提供的各种贷款担保，包括国外贷款担保、国内贷款担保。政府承诺接受未来事件而定的或有责任等同于隐性补助。现行预算会计不确认不披露地方政府的担保信息。各级地方政府对外提供担保违反了《中华人民共和国担保法》，而实际生活中地方政府存在着大量的这种"不合法"的担保，而这种或有显性债务可能会给地方财政带来债务风险。因此，需要加强地方政府或有显性债务管理，尤其是地方政府提供的贷款担保的管理。

（2）我国企业会计中或有债务的确认、计量与报告的经验借鉴与启示。企业提供的债务担保与地方政府提供的债务担保，除提供担保的主体不同，一个是企业，一个是地方政府，其实质内容是一样的，因此而可能形成的或有负债具有相同的内容。这为政府会计借鉴企业会计这方面的经验提供了基础。持续地关注被地方政府提供担保企业的财务状况，适时确认并计量预计负债。地方政府提供的贷款担保，可借鉴企业会计的经验，适时确认并计量预计负债。地方政府应当持续地对被担保企业的财务情况予以关注，贷款担保而形成或有负债不符合负债的定义和确认条件，政府会计不确认或有负债，可按照企业会计的或有事项准则的规定进行相应的披露。如果随着时间推移和事态的进展，当地方政府的潜在义务可能转化为现时义务，并满足企业会计准则所规定的预计负债的确认条件时：该义务是地方政府承担的现时义务；履行该义务很可能导致经济利益流出地方政府；该义务的金额能够可靠地计量。这时，政府会计也应确认这项预计负债，并按照企业会计准则规范的计量方法进行计量。为了反映地方政府预计负债的情况，应设置"预计负债"科目进行核算。当地方政府确认提供的担保事项为预计负债时，借记"一般预算支出——贷款担保赔款支出"科目，贷记"预计负债"科目；实际发生代为被担保企业偿还贷款时，借记"预计负债"科目，贷记"国库存款"科目。这样可及时反映地方政府预计负债的情况，对于地方政府提供担保事项而言，可及时了解地方政府将要承担的替被担保企业偿还的债务责任，以便于地方政府提前安排资金，防范化解未来债务风险。

及时披露预计负债与或有负债的相关信息。政府会计应当在报表附注中披露与或有事项有关的预计负债与或有负债信息。预计负债要求披露如下信息：主要披露地方政府提供贷款担保而形成的预计负债的情况，主要包括预计负债的构成（按形成预计负债的担保企业列示），形成原因以及经济利益流出不确定性说明；预计负债的期初、期末余额和本期变动情况。或有负债要求披露如下信息：主要披露地方政府提供贷款担保而形成的或有负债的情况，主要包括或有负债的具体构成及其形成原因，经济利益流出不确定性说明；或有负债预计产生的财务影响；无法预计的，应当说明原因。上述或有事项信息的披露，可使地方政府债务的管理者及时了解影响地方政府未来债务风险的因素，以利于采取防范地方政府债务风险的措施。

8.2.4　或有隐性负债的披露

我国地方政府或有隐性负债主要包括地方金融机构出现危机而地方政府被迫提供援助；国有企业或大型私有企业的未保险损失、未担保债务和责任的违约，地方政府对其进行补偿；自然灾害的救助、为保护环境而发生的支出等。这类债务，地方政府没有提供担保，也没有承诺，这些项目如果发生危机，很可能引发危及社会安定等问题，政府被迫介入而承担责任。这类事件一旦发生会给地方财政带来巨大风险，因此，我们不能忽视它。由于这类债务产生的事件是不确定的，政府承担的支出责任也难以预计，不能确认为地方政府负债，也不能反映在地方政府会计报表中。我国现行政府会计对此不披露。为了引起管理层对此问题的重视，便于防范风险，要采取适当方式进行披露。比如，我国目前有些地区环境被严重破坏，政府对环境保护方面的开支将越来越大，这将形成政府在环境保护方面的债务。国际公共部门会计准则将环境债务明确为政府债务的内容，并要求在报表附注中披露负债的存在情况及描述潜在负债程度。我们可借鉴国际公共部门会计准则中关于环境债务的内容，明确环境债务为中国地方政府债务的内容，由于这一债务难以计量，可在报表附注中披露环境负债的存在情况以及潜在负债的程度，让管理者对环境保护能重视起来，这便于地方政府管理部门重视环境保护，并提前筹划这方面的资金，以满足保护环境的资金需求。再比如，地方金融机构如果出现危机而地方政府被迫提供援助，可能形成地方政府未来的债务，如果将地方政府会因地方金融机构出现危机提供援助这一信息公开披露，可能会使这些金融机构出现道德风险。为了降低金融机构的道德风险，可采取在政府层面内部报告的方式，以便于政府管理者及时采取措施防范、化解这一债务风险的出现。

8.3 我国财务报告体系的构建

建立一套适合政府财务特征的会计准则机制与财务报告制度是中国当前推进会计改革的主要目标。而且财务报告是政府各类会计信息的汇总，建立一套完善的体系可有效地加强报告的时效性，使政府工作得以更加规范严谨。

8.3.1 我国政府综合财务报告制度的改进

政府的会计信息最后需要通过财务报告来体现。许多国家在财务报告制定时都采用的权责发生制，如美国。从 2017 年年初

第8章 我国政府会计改革的路径优化

开始我国也开始使用权责发生制这种财务制度,在《政府财务报告编制办法》中有具体要求。

(1) 财务报告主体。财务报告的主体类型很多,我们一般将其分为三类:一是各级政府,二是政府各部门,三是各级单位。首先,各单位的政府财务报告应由本单位自行制作。其次,各部门有义务制作自己单位财务报告,除此以外,还要对下属单位报给其的财务报告负责,进行统一汇总和整理,最终编制为部门财务报告。最后,各级政府财政部门有义务汇总所有上报材料,进行统一整理,从而做出一个整体的政府财务报告,该报告的综合性很强。

(2) 财务报告目标。财务报告是我国这次政府会计改革的重点,目标是构建以权责发生制为基础的综合性财报体系。财务报告三个重要功能:一是反映政府整体的财务情况;二是体现受托责任履行是否到位;三是反映详细的现金流动情形,这有利于帮助信息使用者进行科学决策,更好地服务于相关机构的评级活动,考核工作和债务风险的监控工作,使政府会计的功效得到充分发挥。

(3) 财务报告基础。本次财报体系革新的重点在于建立权责发生制,但改革不可能一蹴而就,需要根据我国当前的国情进行合理推进。

(4) 财务报告内容。我国政府财务报告分为两种,分别是部门类和综合类。而综合类财报需要依照各部门财务报表进行编订,同时还要参照财政总预算会计报表以及土地储备资金报表等其他表进行健全。政府部门的综合财报内容覆盖面很广,如审计报告等,此外,还包括政府财务和非财务信息的分析报告、管理情况以及预测报告等,如有需要还应提供附注。财务报表的内容进行细分后,可大致分为以下4种:一是政府的资产负债表;二是收费用表；三为现金流量报表；此外还有承诺事项与关于举借债务的报表。一般在附注中要标注出使用的计算方法，以便于快速及时地识别各级政府债务风险。

8.3.2 政府债务信息披露制度的完善

政府的财报是各种会计信息的汇总，该报告是政府政务公开的集中体现，公开报告便于国民对政府进行监督，提高各级政府之间的信息对称度，满足相关利益者的需求，对防控地方政府债务风险有很好的效果。下面从四个角度构建政府债务信息披露制度，具体如下：首先是法律角度，出台与债务信息披露相关的政策和法律性文件；其次是组建专门机构，处理债务信息公开工作；再次是科学规划要公开的事项和内容；最后是明确公开方式和渠道。如今我国政府债务信息公开工作开展较为顺利，公开了许多内容，如各地区政府的债务报告、财务报告和风险分析报告等。债务信息的披露有利于提高地方政府债务的管理水平，提升政务的透明度，使社会监督作用进一步得到强化，从而快速改善各地区政府财政现状。

（1）改进政府会计信息披露制度。

第一，建立政府性债务信息披露平台的必要性。当前，核算并反映财政预算的总预算会计报表、行政单位报表、事业单位会计报表构成了我国以收付实现制为基础的预算会计报告体系，预算会计报告能有效反映财政预算执行状况，却难以真实反映政府性债务情况。公众与政府间通过授权与被授权建立代理关系，后者应积极履行受托责任。鉴于我国尚未形成完备的信息披露制度，社会公众难以通过政府财务报告及其他披露文件准确了解政府性债务风险情况。从2011年开始，随着政府审计活动的扩大，对债务审计关注度的增强，也使公众对于债务风险内容加深了印象。尽管如此，目前我国仍未建立起完善的政府性债务信息披露平台，地方政府性债务信息多是依申请公开，特别是2014年及以后地方政府只能通过发行地方政府债券举借政府债务，其通过融资平台公司等变相举借的债务部分，社会公众更是无从了解及知晓。为更好地防范债务风险，接受社会公众监督，各级政府应通过门户网站披露政府性债务信息及政府性债务会计信息数据，供信息使用者及利益相关者查阅及参考。

第二，建立预算与财务报告并行披露模式。为了使信息不对称的情况得到严格控制，降低道德风险，需加快推进政府性债务信息披露模式改革，以保证政府公共受托责任履行，防范政府性债务风险。推进我国政府会计体制改革，建立预算会计、财务会计并行报告体系能切实加强地方政府性债务管理、防控政府性债务风险，其中预算会计报表仍以收付实现制为基础，财务报告则用权责发生制来编制，以全面、准确地反映政府的预算执行情况及资产、负债状况，特别是或有债务及隐性负债信息。借鉴国际经验，为加强政府性债务管理、有效防范财政金融风险，结合我国国情，应推进具有中国特色的政府会计报告改革，与我国相适应的财务报告制度，应该包含政府决算报告及综合财务报告，其中后者又包含很多内容，即资产负债表、收入费用表、盈余与预算结余差异和报表附注。政府预算会计的决算报告中列示的是预算会计要素，即预算收入、支出及结余。政府综合财务报表中列示的则是政府财务要素，即资产、负债、净资产、收入和费用。完善预算会计、财务会计并行的政府会计报告体系，既能考核政府预算执行情况，又能够满足信息使用者对政府性债务信息的需求，规范政府举债融资行为，实现对风险的有效防控。

第三，完善政府性债务信息披露制度。构建透明政府，首先要保证政府的各项信息的公开。通过对会计信息的披露，可以使信息使用者的需求得到满足,使其能够自觉地接受监督,使信息不对称的情况得到有效缓解,防控财政金融风险。政府性债务信息披露制度应从四个方面展开,包括中央及地方法律法规、信息公开组织机构、公开内容及渠道。其中,信息公开内容包括资产负债表披露、报表附注披露及债务指标分析。对现有披露制度进行完善,可以实现对报表内容的优化,使报表当中所包含的内容更加丰富,反映的信息更加全面,实现对风险的有效跟踪,防范地方政府陷入财政金融危机。

8.4 我国政府会计改革的保障措施

为了确保政府会计改革在实施过程中能够顺利进行,需要对配套措施的建设进行加强,来克服政府会计在推进过程中遇到的各种问题。下面对几项重点保障措施进行论述,希望对政府会计改革的实施提供帮助。

8.4.1 加强审计监督

通过审计可以对经济活动进行监督,能够保障会计提供的信息真实可靠,能够对于政府会计和财务报告系统中存在的问题进行及时的披露,因此审计对于政府会计至关重要。对政府会计进行改革也对审计提出了新的要求,审计也需要进行相应的调整来配合政府会计的改革,例如需要对审计模式、审计内容以及周期进行调整。审计改革与政府会计改革相互协调,相互发展。随着政府会计改革的不断推进,对于审计需要不断加强其审计监督的作用,在审计过程中注重对政府债务的审计,定期进行审计并及时发布审计报告,这样才能充分发挥审计的监督作用,保证提供信息的时效性。例如我们国家在 2011 年进行了审计，之后两年中断了，到 2013 年再次进行审计时，导致信息内容不连续，审计难度增加，提供的报告时效性大大降低。因此为了更好地发挥审计的监督作用，我们要加强审计监督，使其常态化，逐渐建立起长期的审计制度，使审计结果更加真实、公平、有效，促进政府会计改革。

8.4.2 完善会计信息系统

为了与政府会计改革相适应，更好地防控政府性债务风险，需要完善政府的会计信息系统。但是现阶段我国政府会计信息化的程度普遍偏低，信息共享程度不高，许多单位在编制综合财务报告时仍然采用手工处理，处理过程中对于数据合并以及核算极容易出现问题，特别是对于政府债务信息的处理不够规范、数据经常出现差错，而且效率低下，提供信息不及时，这就造成信息使用者不能及时准确地获得相关信息，不利于管理者做出正确的决策。通过对会计信息系统进行优化，一方面，利用各种会计软件，通过会计电算化，对会计软件进行更新，满足信息使用者的需求，对政府债务的情况比如实施了哪些债务项目、规模如何等都可以进行实时的监督和管理，可以使政府管理者更好地掌握政府债务的情况，为有效防范政府性债务风险提供帮助。另一方面，利用会计信息系统，可以进一步扩大政府会计信息数据的披露范围，可以覆盖到各级政府财政厅网站、审计署网站等，同时还可以使查询事项更加细化，通过搜索引擎快速查询到想要获取的信息，通过设立专门的交互式服务窗口，可以使信息使用者更好地获取信息。综合看来，通过对会计信息系统的完善，可以使政府的债务信息更加全面及时地披露出来，使政府管理者更好地掌握政府的债务信息，及早地采取措施，有效预防和防范政府性债务风险。

8.4.3 提高会计人员专业技能

过去由于我国政府会计在核算时一直采用的是收付实现制的核算基础，因而政府会计工作人员长期以收付实现制为基础来进行会计核算。现在政府会计改革之后，需要政府会计工作人员不仅应用收付实现制而且要应用权责发生制，权责发生制要求根据权利和责任的发生来确定收入和费用，与收付实现制相比，对于会计人员的专业能力和综合素质要求更高。也就是说政府会计改革对会计人员的专业技能提出了新的更高的要求，因此为了适应政府会计改革，政府需要定期组织对于会计人员的培训，完善会计人员的继续教育，特别是在政府会计改革的过渡时期，要强化对会计人员的培训，全面提升会计人员的专业能力和业务素质。各级政府也应该对其会计人员进行定期的培训，组织学习，提高会计人员的专业水平，此外，各级政府也可以根据需要从外面聘请专业的会计人才开展会计工作，保障政府会计改革能够顺利开展。另一方面，在选拔会计工作人员时，要落实严格选拔制度，从专业知识、业务能力、内控知识以及信息化水平等多个方面进行考察，选拔更加优秀和综合的专业人才，为以后防范政府性风险打好基础。

8.4.4 优化政府内部控制

目前虽然政府建立的有内部控制系统，但是内部控制系统存在诸多问题，而且各级政府并没有重视内部控制的建设和完善。内部控制只有充分发挥其作用与外部审计相互配合，才能够更好地对政府债务进行充分的披露，使信息使用者更好掌握政府的债务情况，这样才能与政府会计改革相适应。长期以来由于我国政府会计采用收付实现制，内部控制制度缺失，而且也没有得到足够的重视，随着政府会计改革的推进，我们需要对政府内部控制进行优化，使内部控制制度与外部审计制度密切结合起来，不断完善信息披露方式，使信息透明度逐渐增强。对内部控制进行优化，我们可以借鉴上市公司的经验，并结合自身的情况进行适当的调整，充分发挥财政监察部门以及财政部驻各地专员办事处的内部监察职能，使政府债务信息得到及时充分的披露，使政府管理者能够全面掌握政府的债务情况，为防范政府性债务风险做出贡献。

附录 A 相关准则及政策法规

《政府会计准则——基本准则》

中华人民共和国财政部令第 78 号《政府会计准则——基本准则》已经财政部部务会议审议通过，现予公布，自 2017 年 1 月 1 日起施行。

第一章 总 则

第一条 为了规范政府的会计核算，保证会计信息质量，根据《中华人民共和国会计法》《中华人民共和国预算法》和其他有关法律、行政法规，制定本准则。

第二条 本准则适用于各级政府、各部门、各单位（以下统称政府会计主体）。

前款所称各部门、各单位是指与本级政府财政部门直接或者间接发生预算拨款关系的国家机关、军队、政党组织、社会团体、事业单位和其他单位。

军队、已纳入企业财务管理体系的单位和执行《民间非营利组织会计制度》的社会团体，不适用本准则。

第三条 政府会计由预算会计和财务会计构成。

预算会计实行收付实现制，国务院另有规定的，依照其规定。

财务会计实行权责发生制。

第四条 政府会计具体准则及其应用指南、政府会计制度等，应当由财政部遵循本准则制定。

第五条 政府会计主体应当编制决算报告和财务报告。

决算报告的目标是向决算报告使用者提供与政府预算执行情况有关的信息，综合反映政府会计主体预算收支的年度执行结果，有助于决算报告使用者进行监督和管理，并为编制后续年度预算提供参考和依据。政府决算报告使用者包括各级人民代表大会及其常务委员会、各级政府及其有关部门、政府会计主体自身、社会公众和其他利益相关者。

财务报告的目标是向财务报告使用者提供与政府的财务状况、运行情况（含运行成本，下同）和现金流量等有关信息，反映政府会计主体公共受托责任履行情况，有助于财务报告使用者作出决策或者进行监督和管理。政府财务报告使用者包括各级人民代表大会常务委员会、债权人、各级政府及其有关部门、政府会计主体自身和其他利益相关者。

第六条　政府会计主体应当对其自身发生的经济业务或者事项进行会计核算。

第七条　政府会计核算应当以政府会计主体持续运行为前提。

第八条　政府会计核算应当划分会计期间，分期结算账目，按规定编制决算报告和财务报告。

会计期间至少分为年度和月度。会计年度、月度等会计期间的起讫日期采用公历日期。

第九条　政府会计核算应当以人民币作为记账本位币。发生外币业务时，应当将有关外币金额折算为人民币金额计量，同时登记外币金额。

第十条　政府会计核算应当采用借贷记账法记账。

第二章　政府会计信息质量要求

第十一条　政府会计主体应当以实际发生的经济业务或者事

项为依据进行会计核算,如实反映各项会计要素的情况和结果,保证会计信息真实可靠。

第十二条　政府会计主体应当将发生的各项经济业务或者事项统一纳入会计核算,确保会计信息能够全面反映政府会计主体预算执行情况和财务状况、运行情况、现金流量等。

第十三条　政府会计主体提供的会计信息,应当与反映政府会计主体公共受托责任履行情况以及报告使用者决策或者监督、管理的需要相关,有助于报告使用者对政府会计主体过去、现在或者未来的情况作出评价或者预测。

第十四条　政府会计主体对已经发生的经济业务或者事项,应当及时进行会计核算,不得提前或者延后。

第十五条　政府会计主体提供的会计信息应当具有可比性。

同一政府会计主体不同时期发生的相同或者相似的经济业务或者事项,应当采用一致的会计政策,不得随意变更。确需变更的,应当将变更的内容、理由及其影响在附注中予以说明。

不同政府会计主体发生的相同或者相似的经济业务或者事项,应当采用一致的会计政策,确保政府会计信息口径一致,相互可比。

第十六条　政府会计主体提供的会计信息应当清晰明了,便于报告使用者理解和使用。

第十七条　政府会计主体应当按照经济业务或者事项的经济实质进行会计核算,不限于以经济业务或者事项的法律形式为依据。

第三章　政府预算会计要素

第十八条　政府预算会计要素包括预算收入、预算支出与预算结余。

第十九条 预算收入是指政府会计主体在预算年度内依法取得的并纳入预算管理的现金流入。

第二十条 预算收入一般在实际收到时予以确认,以实际收到的金额计量。

第二十一条 预算支出是指政府会计主体在预算年度内依法发生并纳入预算管理的现金流出。

第二十二条 预算支出一般在实际支付时予以确认,以实际支付的金额计量。

第二十三条 预算结余是指政府会计主体预算年度内预算收入扣除预算支出后的资金余额,以及历年滚存的资金余额。

第二十四条 预算结余包括结余资金和结转资金。

结余资金是指年度预算执行终了,预算收入实际完成数扣除预算支出和结转资金后剩余的资金。

结转资金是指预算安排项目的支出年终尚未执行完毕或者因故未执行,且下年需要按原用途继续使用的资金。

第二十五条 符合预算收入、预算支出和预算结余定义及其确认条件的项目应当列入政府决算报表。

第四章 政府财务会计要素

第二十六条 政府财务会计要素包括资产、负债、净资产、收入和费用。

第一节 资　产

第二十七条 资产是指政府会计主体过去的经济业务或者事项形成的,由政府会计主体控制的,预期能够产生服务潜力或者带来经济利益流入的经济资源。

服务潜力是指政府会计主体利用资产提供公共产品和服务以履行政府职能的潜在能力。

经济利益流入表现为现金及现金等价物的流入，或者现金及现金等价物流出的减少。

第二十八条 政府会计主体的资产按照流动性，分为流动资产和非流动资产。

流动资产是指预计在1年内（含1年）耗用或者可以变现的资产，包括货币资金、短期投资、应收及预付款项、存货等。

非流动资产是指流动资产以外的资产，包括固定资产、在建工程、无形资产、长期投资、公共基础设施、政府储备资产、文物文化资产、保障性住房和自然资源资产等。

第二十九条 符合本准则第二十七条规定的资产定义的经济资源，在同时满足以下条件时，确认为资产：

（一）与该经济资源相关的服务潜力很可能实现或者经济利益很可能流入政府会计主体；

（二）该经济资源的成本或者价值能够可靠地计量。

第三十条 资产的计量属性主要包括历史成本、重置成本、现值、公允价值和名义金额。

在历史成本计量下，资产按照取得时支付的现金金额或者支付对价的公允价值计量。

在重置成本计量下，资产按照现在购买相同或者相似资产所需支付的现金金额计量。

在现值计量下，资产按照预计从其持续使用和最终处置中所产生的未来净现金流入量的折现金额计量。

在公允价值计量下，资产按照市场参与者在计量日发生的有序交易中，出售资产所能收到的价格计量。

无法采用上述计量属性的，采用名义金额（即人民币1元）计量。

第三十一条 政府会计主体在对资产进行计量时，一般应当采用历史成本。

采用重置成本、现值、公允价值计量的,应当保证所确定的资产金额能够持续、可靠计量。

第三十二条 符合资产定义和资产确认条件的项目,应当列入资产负债表。

第二节 负 债

第三十三条 负债是指政府会计主体过去的经济业务或者事项形成的,预期会导致经济资源流出政府会计主体的现时义务。

现时义务是指政府会计主体在现行条件下已承担的义务。未来发生的经济业务或者事项形成的义务不属于现时义务,不应当确认为负债。

第三十四条 政府会计主体的负债按照流动性,分为流动负债和非流动负债。

流动负债是指预计在1年内(含1年)偿还的负债,包括应付及预收款项、应付职工薪酬、应缴款项等。

非流动负债是指流动负债以外的负债,包括长期应付款、应付政府债券和政府依法担保形成的债务等。

第三十五条 符合本准则第三十三条规定的负债定义的义务,在同时满足以下条件时,确认为负债:

(一)履行该义务很可能导致含有服务潜力或者经济利益的经济资源流出政府会计主体;

(二)该义务的金额能够可靠地计量。

第三十六条 负债的计量属性主要包括历史成本、现值和公允价值。

在历史成本计量下,负债按照因承担现时义务而实际收到的款项或者资产的金额,或者承担现时义务的合同金额,或者按照为偿还负债预期需要支付的现金计量。

在现值计量下，负债按照预计期限内需要偿还的未来净现金流出量的折现金额计量。

在公允价值计量下，负债按照市场参与者在计量日发生的有序交易中，转移负债所需支付的价格计量。

第三十七条 政府会计主体在对负债进行计量时，一般应当采用历史成本。

采用现值、公允价值计量的，应当保证所确定的负债金额能够持续、可靠计量。

第三十八条 符合负债定义和负债确认条件的项目，应当列入资产负债表。

第三节 净资产

第三十九条 净资产是指政府会计主体资产扣除负债后的净额。

第四十条 净资产金额取决于资产和负债的计量。

第四十一条 净资产项目应当列入资产负债表。

第四节 收 入

第四十二条 收入是指报告期内导致政府会计主体净资产增加的、含有服务潜力或者经济利益的经济资源的流入。

第四十三条 收入的确认应当同时满足以下条件：

（一）与收入相关的含有服务潜力或者经济利益的经济资源很可能流入政府会计主体；

（二）含有服务潜力或者经济利益的经济资源流入会导致政府会计主体资产增加或者负债减少；

（三）流入金额能够可靠地计量。

第四十四条 符合收入定义和收入确认条件的项目，应当列入收入费用表。

第五节 费 用

第四十五条 费用是指报告期内导致政府会计主体净资产减少的、含有服务潜力或者经济利益的经济资源的流出。

第四十六条 费用的确认应当同时满足以下条件：

（一）与费用相关的含有服务潜力或者经济利益的经济资源很可能流出政府会计主体；

（二）含有服务潜力或者经济利益的经济资源流出会导致政府会计主体资产减少或者负债增加；

（三）流出金额能够可靠地计量。

第四十七条 符合费用定义和费用确认条件的项目，应当列入收入费用表。

第五章 政府决算报告和财务报告

第四十八条 政府决算报告是综合反映政府会计主体年度预算收支执行结果的文件。

政府决算报告应当包括决算报表和其他应当在决算报告中反映的相关信息和资料。

政府决算报告的具体内容及编制要求等，由财政部另行规定。

第四十九条 政府财务报告是反映政府会计主体某一特定日期的财务状况和某一会计期间的运行情况和现金流量等信息的文件。

政府财务报告应当包括财务报表和其他应当在财务报告中披露的相关信息和资料。

第五十条 政府财务报告包括政府综合财务报告和政府部门财务报告。

政府综合财务报告是指由政府财政部门编制的，反映各级政府整体财务状况、运行情况和财政中长期可持续性的报告。

政府部门财务报告是指政府各部门、各单位按规定编制的财务报告。

第五十一条　财务报表是对政府会计主体财务状况、运行情况和现金流量等信息的结构性表述。

财务报表包括会计报表和附注。

会计报表至少应当包括资产负债表、收入费用表和现金流量表。

政府会计主体应当根据相关规定编制合并财务报表。

第五十二条　资产负债表是反映政府会计主体在某一特定日期的财务状况的报表。

第五十三条　收入费用表是反映政府会计主体在一定会计期间运行情况的报表。

第五十四条　现金流量表是反映政府会计主体在一定会计期间现金及现金等价物流入和流出情况的报表。

第五十五条　附注是对在资产负债表、收入费用表、现金流量表等报表中列示项目所作的进一步说明，以及对未能在这些报表中列示项目的说明。

第五十六条　政府决算报告的编制主要以收付实现制为基础，以预算会计核算生成的数据为准。

政府财务报告的编制主要以权责发生制为基础，以财务会计核算生成的数据为准。

第六章　附　则

第五十七条　本准则所称会计核算，包括会计确认、计量、记录和报告各个环节，涵盖填制会计凭证、登记会计账簿、编制报告全过程。

第五十八条　本准则所称预算会计，是指以收付实现制为基础对政府会计主体预算执行过程中发生的全部收入和全部支出进行会计核算，主要反映和监督预算收支执行情况的会计。

第五十九条　本准则所称财务会计，是指以权责发生制为基础对政府会计主体发生的各项经济业务或者事项进行会计核算，主要反映和监督政府会计主体财务状况、运行情况和现金流量等的会计。

第六十条　本准则所称收付实现制，是指以现金的实际收付为标志来确定本期收入和支出的会计核算基础。凡在当期实际收到的现金收入和支出，均应作为当期的收入和支出；凡是不属于当期的现金收入和支出，均不应当作为当期的收入和支出。

第六十一条　本准则所称权责发生制，是指以取得收取款项的权利或支付款项的义务为标志来确定本期收入和费用的会计核算基础。凡是当期已经实现的收入和已经发生的或应当负担的费用，不论款项是否收付，都应当作为当期的收入和费用；凡是不属于当期的收入和费用，即使款项已在当期收付，也不应当作为当期的收入和费用。

第六十二条　本准则自 2017 年 1 月 1 日起施行。

《关于对地方政府债务实行限额管理的实施意见》

为进一步规范地方政府债务管理，更好发挥政府债务促进经济社会发展的积极作用，防范和化解财政金融风险，根据预算法、《国务院关于加强地方政府性债务管理的意见》（国发〔2014〕43 号）和全国人民代表大会常务委员会批准的国务院关

于提请审议批准 2015 年地方政府债务限额的议案有关要求,经国务院同意,现就地方政府债务限额管理提出以下实施意见:

一、切实加强地方政府债务限额管理

(一)合理确定地方政府债务总限额。对地方政府债务余额实行限额管理。年度地方政府债务限额等于上年地方政府债务限额加上当年新增债务限额(或减去当年调减债务限额),具体分为一般债务限额和专项债务限额。

地方政府债务总限额由国务院根据国家宏观经济形势等因素确定,并报全国人民代表大会批准。年度预算执行中,如出现下列特殊情况需要调整地方政府债务新增限额,由国务院提请全国人大常委会审批:当经济下行压力大、需要实施积极财政政策时,适当扩大当年新增债务限额;当经济形势好转、需要实施稳健财政政策或适度从紧财政政策时,适当削减当年新增债务限额或在上年债务限额基础上合理调减限额。

(二)逐级下达分地区地方政府债务限额。各省、自治区、直辖市政府债务限额,由财政部在全国人大或其常委会批准的总限额内,根据债务风险、财力状况等因素并统筹考虑国家宏观调控政策、各地区建设投资需求等提出方案,报国务院批准后下达各省级财政部门。

省级财政部门依照财政部下达的限额,提出本地区政府债务安排建议,编制预算调整方案,经省级政府报本级人大常委会批准;根据债务风险、财力状况等因素并统筹本地区建设投资需求提出省本级及所属各市县当年政府债务限额,报省级政府批准后下达各市县级政府。市县级政府确需举借债务的,依照经批准的限额提出本地区当年政府债务举借和使用计划,列入预算调整方案,报本级人大常委会批准,报省级政府备案并由省级政府代为举借。

(三)严格按照限额举借地方政府债务。省级财政部门在批准的地方政府债务限额内,统筹考虑地方政府负有偿还责任的中央转贷外债情况,合理安排地方政府债券的品种、结构、期限和时点,做好政府债券的发行兑付工作。中央和省级财政部门每半年向本级人大有关专门委员会书面报告地方政府债券发行和兑付等情况。对2015年地方政府债务限额下达前举借的在建项目后续贷款中需要纳入政府债务的,由各地在2015年地方政府债务限额内调整结构解决。今后,需要纳入政府债务的在建项目后续融资需求在确定每年新增地方政府债务限额时统筹考虑,依法通过发行地方政府债券举借。地方政府新发生或有债务,要严格限定在依法担保的外债转贷范围内,并根据担保合同依法承担相关责任。

(四)将地方政府债务分类纳入预算管理。地方政府要将其所有政府债务纳入限额,并分类纳入预算管理。其中,一般债务纳入一般公共预算管理,主要以一般公共预算收入偿还,当赤字不能减少时可采取借新还旧的办法。专项债务纳入政府性基金预算管理,通过对应的政府性基金或专项收入偿还;政府性基金或专项收入暂时难以实现,如收储土地未能按计划出让的,可先通过借新还旧周转,收入实现后即予归还。

二、建立健全地方政府债务风险防控机制

(一)全面评估和预警地方政府债务风险。地方各级政府要全面掌握资产负债、还本付息、财政运行等情况,加快建立政府综合财务报告制度,全面评估风险状况,跟踪风险变化,切实防范风险。中央和省级财政部门要加强对地方政府债务的监督,根据债务率、新增债务率、偿债率、逾期债务率、或有债务代偿率等指标,及时分析和评估地方政府债务风险状况,对债务高风险地区进行风险预警。

(二)抓紧建立债务风险化解和应急处置机制。各省、自治区、直辖市政府要对本地区地方政府债务风险防控负总责,建立债务风险化解激励约束机制,全面组织做好债务风险化解和应急处置工作。列入风险预警范围的地方各级政府要制订中长期债务风险化解规划和应急处置预案,在严格控制债务增量的同时,通过控制项目规模、减少支出、处置资产、引入社会资本等方式,多渠道筹集资金消化存量债务,逐步降低债务风险。市县级政府难以自行偿还债务时,要启动债务风险应急处置预案并及时上报;省级政府要加大对市县级政府债务风险应急处置的指导力度,并督促其切实化解债务风险,确保不发生区域性和系统性风险。

(三)健全地方政府债务监督和考核问责机制。地方各级政府要主动接受本级人大和社会监督,定期向社会公开政府债务限额、举借、使用、偿还等情况。地方政府举债要遵循市场化原则,强化市场约束。审计部门要依法加强债务审计监督,财政部门要加大对地方政府违规举债及债务风险的监控力度。要将政府债务管理作为硬指标纳入政绩考核,强化对地方政府领导干部的考核。地方政府主要负责人要作为第一责任人,切实抓好本级政府债务风险防控等各项工作。对地方政府防范化解政府债务风险不力的,要进行约谈、通报,必要时可以责令其减少或暂停举借新债。对地方政府违法举债或担保的,责令改正,并按照预算法规定追究相关人员责任。

三、妥善处理存量债务

(一)切实履行政府债务偿还责任。对甄别后纳入预算管理的地方政府存量债务,属于公益性项目债务的,由地方政府统筹安排包括债券资金在内的预算资金偿还,必要时可以处置政府资产;属于非公益性项目债务的,由举借债务的部门和单位通过压减预算支出等措施偿还,暂时难以压减的可用财政资金先行垫付,并在以后年度部门和单位预算中扣回。取消融资平台公司的政府融资职能,推动有经营收益和现金流的融资平台公司市场化转型改制,通过政府和社会资本合作(PPP)、政府购买服务等措施予以支持。

地方政府存量债务中通过银行贷款等非政府债券方式举借部分,通过三年左右的过渡期,由省级财政部门在限额内安排发行地方政府债券置换。为避免地方竞相发债对市场产生冲击,财政部根据债务到期、债务风险等情况予以组织协调,并继续会同人民银行、银监会等有关部门做好定向承销发行置换债券等工作。

(二)依法妥善处置或有债务。对政府负有担保责任或可能承担一定救助责任的或有债务,地方政府要依法妥善处置。对确需依法代偿的或有债务,地方政府要将代偿部分的资金纳入预算管理,并依法对原债务单位及有关责任方保留追索权;对因预算管理方式变化导致原偿债资金性质变化为财政资金、相应确需转化为政府债务的或有债务,在不突破限额的前提下,报经省级政府批准后转化为政府债务;对违法违规担保的或有债务,由政府、债务人与债权人共同协商,重新修订合同,明确责任,依法解除担保关系。地方政府通过政府和社会资本合作等方式减少政府债务余额腾出的限额空间,要优先用于解决上述或有债务代偿或转化问题。

各地区、各部门要进一步统一思想认识,高度重视,严格执行地方政府债务管理的各项规定,结合本地区、本部门实际,明确任务分工、落实工作职责,积极研究解决新问题,及时总结经验做法，加强舆论引导，切实发挥规范地方政府债务管理对"稳增长"和"防风险"的积极作用，推动各项政策措施落实到位。

《国务院关于加强地方政府性债务管理的意见》

各省、自治区、直辖市人民政府，国务院各部委、各直属机构：

为加强地方政府性债务管理，促进国民经济持续健康发展，根据党的十八大、十八届三中全会精神，现提出以下意见：

一、总体要求

（一）指导思想。以邓小平理论、"三个代表"重要思想、科学发展观为指导，全面贯彻落实党的十八大、十八届三中全会精神，按照党中央、国务院决策部署，建立"借、用、还"相统一的地方政府性债务管理机制，有效发挥地方政府规范举债的积极作用，切实防范化解财政金融风险，促进国民经济持续健康发展。

（二）基本原则。

疏堵结合。修明渠、堵暗道，赋予地方政府依法适度举债融资权限，加快建立规范的地方政府举债融资机制。同时，坚决制止地方政府违法违规举债。

分清责任。明确政府和企业的责任，政府债务不得通过企业举借，企业债务不得推给政府偿还，切实做到谁借谁还、风险自担。政府与社会资本合作的，按约定规则依法承担相关责任。

规范管理。对地方政府债务实行规模控制，严格限定政府举债程序和资金用途，把地方政府债务分门别类纳入全口径预算管理,实现"借、用、还"相统一。

防范风险。牢牢守住不发生区域性和系统性风险的底线,切实防范和化解财政金融风险。

稳步推进。加强债务管理,既要积极推进,又要谨慎稳健。在规范管理的同时,要妥善处理存量债务,确保在建项目有序推进。

二、加快建立规范的地方政府举债融资机制

(一)赋予地方政府依法适度举债权限。经国务院批准,省、自治区、直辖市政府可以适度举借债务,市县级政府确需举借债务的由省、自治区、直辖市政府代为举借。明确划清政府与企业界限,政府债务只能通过政府及其部门举借,不得通过企事业单位等举借。

(二)建立规范的地方政府举债融资机制。地方政府举债采取政府债券方式。没有收益的公益性事业发展确需政府举借一般债务的,由地方政府发行一般债券融资,主要以一般公共预算收入偿还。有一定收益的公益性事业发展确需政府举借专项债务的,由地方政府通过发行专项债券融资,以对应的政府性基金或专项收入偿还。

(三)推广使用政府与社会资本合作模式。鼓励社会资本通过特许经营等方式,参与城市基础设施等有一定收益的公益性事业投资和运营。政府通过特许经营权、合理定价、财政补贴等事先公开的收益约定规则,使投资者有长期稳定收益。投资者按照市场化原则出资,按约定规则独自或与政府共同成立特别目的公司建设和运营合作项目。投资者或特别目的公司可以通过银行贷款、企业债、项目收益债券、资产证券化等市场化方式举债并承担偿债责任。政府对投资者或特别目的公司按约定规则依法承担特许经营权、合理定价、财政补贴等相关责任，不承担投资者或特别目的公司的偿债责任。

（四）加强政府或有债务监管。剥离融资平台公司政府融资职能，融资平台公司不得新增政府债务。地方政府新发生或有债务，要严格限定在依法担保的范围内，并根据担保合同依法承担相关责任。地方政府要加强对或有债务的统计分析和风险防控，做好相关监管工作。

三、对地方政府债务实行规模控制和预算管理

（一）对地方政府债务实行规模控制。地方政府债务规模实行限额管理，地方政府举债不得突破批准的限额。地方政府一般债务和专项债务规模纳入限额管理，由国务院确定并报全国人大或其常委会批准，分地区限额由财政部在全国人大或其常委会批准的地方政府债务规模内根据各地区债务风险、财力状况等因素测算并报国务院批准。

（二）严格限定地方政府举债程序和资金用途。地方政府在国务院批准的分地区限额内举借债务，必须报本级人大或其常委会批准。地方政府不得通过企事业单位等举借债务。地方政府举借债务要遵循市场化原则。建立地方政府信用评级制度，逐步完善地方政府债券市场。地方政府举借的债务，只能用于公益性资本支出和适度归还存量债务，不得用于经常性支出。

（三）把地方政府债务分门别类纳入全口径预算管理。地方政府要将一般债务收支纳入一般公共预算管理，将专项债务收支纳入政府性基金预算管理，将政府与社会资本合作项目中的财政补贴等支出按性质纳入相应政府预算管理。地方政府各部门、各单位要将债务收支纳入部门和单位预算管理。或有债务确需地方政府或其部门、单位依法承担偿债责任的，偿债资金要纳入相应

预算管理。

四、控制和化解地方政府性债务风险

（一）建立地方政府性债务风险预警机制。财政部根据各地区一般债务、专项债务、或有债务等情况，测算债务率、新增债务率、偿债率、逾期债务率等指标，评估各地区债务风险状况，对债务高风险地区进行风险预警。列入风险预警范围的债务高风险地区，要积极采取措施，逐步降低风险。债务风险相对较低的地区，要合理控制债务余额的规模和增长速度。

（二）建立债务风险应急处置机制。要硬化预算约束，防范道德风险，地方政府对其举借的债务负有偿还责任，中央政府实行不救助原则。各级政府要制定应急处置预案，建立责任追究机制。地方政府出现偿债困难时，要通过控制项目规模、压缩公用经费、处置存量资产等方式，多渠道筹集资金偿还债务。地方政府难以自行偿还债务时，要及时上报，本级和上级政府要启动债务风险应急处置预案和责任追究机制，切实化解债务风险，并追究相关人员责任。

（三）严肃财经纪律。建立对违法违规融资和违规使用政府性债务资金的惩罚机制，加大对地方政府性债务管理的监督检查力度。地方政府及其所属部门不得在预算之外违法违规举借债务，不得以支持公益性事业发展名义举借债务用于经常性支出或楼堂馆所建设，不得挪用债务资金或改变既定资金用途；对企业的注资、财政补贴等行为必须依法合规，不得违法为任何单位和个人的债务以任何方式提供担保；不得违规干预金融机构等正常经营活动，不得强制金融机构等提供政府性融资。地方政府要进一步规范土地出让管理，坚决制止违法违规出让土地及融资行为。

五、完善配套制度

（一）完善债务报告和公开制度。完善地方政府性债务统计报告制度，加快建立权责发生制的政府综合财务报告制度，全面反映政府的资产负债情况。对于中央出台的重大政策措施如棚户区改造等形成的政府性债务，应当单独统计、单独核算、单独检查、单独考核。建立地方政府性债务公开制度，加强政府信用体系建设。各地区要定期向社会公开政府性债务及其项目建设情况，自觉接受社会监督。

（二）建立考核问责机制。把政府性债务作为一个硬指标纳入政绩考核。明确责任落实，各省、自治区、直辖市政府要对本地区地方政府性债务负责任。强化教育和考核，纠正不正确的政绩导向。对脱离实际过度举债、违法违规举债或担保、违规使用债务资金、恶意逃废债务等行为，要追究相关责任人责任。

（三）强化债权人约束。金融机构等不得违法违规向地方政府提供融资，不得要求地方政府违法违规提供担保。金融机构等购买地方政府债券要符合监管规定，向属于政府或有债务举借主体的企业法人等提供融资要严格规范信贷管理，切实加强风险识别和风险管理。金融机构等违法违规提供政府性融资的，应自行承担相应损失，并按照商业银行法、银行业监督管理法等法律法规追究相关机构和人员的责任。

六、妥善处理存量债务和在建项目后续融资

（一）抓紧将存量债务纳入预算管理。以2013年政府性债务审计结果为基础，结合审计后债务增减变化情况，经债权人与债务人共同协商确认，对地方政府性债务存量进行甄别。对地方政府及其部门举借的债务，相应纳入一般债务和专项债务。对企

事业单位举借的债务，凡属于政府应当偿还的债务，相应纳入一般债务和专项债务。地方政府将甄别后的政府存量债务逐级汇总上报国务院批准后，分类纳入预算管理。纳入预算管理的债务原有债权债务关系不变，偿债资金要按照预算管理要求规范管理。

（二）积极降低存量债务利息负担。对甄别后纳入预算管理的地方政府存量债务，各地区可申请发行地方政府债券置换，以降低利息负担，优化期限结构，腾出更多资金用于重点项目建设。

（三）妥善偿还存量债务。处置到期存量债务要遵循市场规则，减少行政干预。对项目自身运营收入能够按时还本付息的债务，应继续通过项目收入偿还。对项目自身运营收入不足以还本付息的债务，可以通过依法注入优质资产、加强经营管理、加大改革力度等措施，提高项目盈利能力，增强偿债能力。地方政府应指导和督促有关债务举借单位加强财务管理、拓宽偿债资金渠道、统筹安排偿债资金。对确需地方政府偿还的债务，地方政府要切实履行偿债责任，必要时可以处置政府资产偿还债务。对确需地方政府履行担保或救助责任的债务，地方政府要切实依法履行协议约定，作出妥善安排。有关债务举借单位和连带责任人要按照协议认真落实偿债责任，明确偿债时限，按时还本付息，不得单方面改变原有债权债务关系，不得转嫁偿债责任和逃废债务。对确已形成损失的存量债务，债权人应按照商业化原则承担相应责任和损失。

（四）确保在建项目后续融资。地方政府要统筹各类资金，优先保障在建项目续建和收尾。对使用债务资金的在建项目，原贷款银行等要重新进行审核，凡符合国家有关规定的项目，要继续按协议提供贷款，推进项目建设；对在建项目确实没有其他建设资金来源的，应主要通过政府与社会资本合作模式和地方政府债券解决后续融资。

七、加强组织领导

各地区、各部门要高度重视，把思想和行动统一到党中央、国务院决策部署上来。地方政府要切实担负起加强地方政府性债务管理、防范化解财政金融风险的责任，结合实际制定具体方案，政府主要负责人要作为第一责任人，认真抓好政策落实。要建立地方政府性债务协调机制，统筹加强地方政府性债务管理。财政部门作为地方政府性债务归口管理部门，要完善债务管理制度，充实债务管理力量，做好债务规模控制、债券发行、预算管理、统计分析和风险监控等工作；发展改革部门要加强政府投资计划管理和项目审批，从严审批债务风险较高地区的新开工项目；金融监管部门要加强监管、正确引导，制止金融机构等违法违规提供融资；审计部门要依法加强对地方政府性债务的审计监督，促进完善债务管理制度，防范风险，规范管理，提高资金使用效益。各地区、各部门要切实履行职责，加强协调配合，全面做好加强地方政府性债务管理各项工作，确保政策贯彻落实到位。

附录 B　相关表格

表 B-1　　　　　　　会计科目表

序号	科目编号	会计科目名称
一、资产类		
1	1001	国库存款
2	1003	国库现金管理存款
3	1004	其他财政存款
4	1005	财政零余额账户存款
5	1006	有价证券
6	1007	在途款
7	1011	预拨经费
8	1021	借出款项
9	1022	应收股利
10	1031	与下级往来
11	1036	其他应收款
12	1041	应收地方政府债券转贷款
13	1045	应收主权外债转贷款
14	1071	股权投资
15	1081	待发国债
二、负债类		
16	2001	应付短期政府债券
17	2011	应付国库集中支付结余

续表

序号	科目编号	会计科目名称
18	2012	与上级往来
19	2015	其他应付款
20	2017	应付代管资金
21	2021	应付长期政府债券
22	2022	借入款项
23	2026	应付地方政府债券转贷款
24	2027	应付主权外债转贷款
25	2045	其他负债
26	2091	已结报支出
三、净资产类		
27	3001	一般公共预算结转结余
28	3002	政府性基金预算结转结余
29	3003	国有资本经营预算结转结余
30	3005	财政专户管理资金结余
31	3007	专用基金结余
32	3031	预算稳定调节基金
33	3033	预算周转金
34	3081 308101 308102 308103 308104	资产基金 应收地方政府债券转贷款 应收主权外债转贷款 股权投资 应收股利
35	3082 308201 308202 308203 308204 308205 308206	待偿债净资产 应付短期政府债券 应付长期政府债券 借入款项 应付地方政府债券转贷款 应付主权外债转贷款 其他负债

续表

序号	科目编号	会计科目名称
四、收入类		
36	4001	一般公共预算本级收入
37	4002	政府性基金预算本级收入
38	4003	国有资本经营预算本级收入
39	4005	财政专户管理资金收入
40	4007	专用基金收入
41	4011	补助收入
42	4012	上解收入
43	4013	地区间援助收入
44	4021	调入资金
45	4031	动用预算稳定调节基金
46	4041	债务收入
47	4042	债务转贷收入
五、支出类		
48	5001	一般公共预算本级支出
49	5002	政府性基金预算本级支出
50	5003	国有资本经营预算本级支出
51	5005	财政专户管理资金支出
52	5007	专用基金支出
53	5011	补助支出
54	5012	上解支出
55	5013	地区间援助支出
56	5021	调出资金
57	5031	安排预算稳定调节基金
58	5041	债务还本支出
59	5042	债务转贷支出

表 B-2　　　　　　　　　　　资产负债表

制单位编：　　　　　　　　年　　月　　日　　　　　　　　　单位：元

资　产	年初余额	期末余额	负债和净资产	年初余额	期末余额
流动资产：			流动负债：		
国库存款			应付短期政府债券		
国库现金管理存款			应付利息		
其他财政存款			应付国库集中支付结余		
有价证券			与上级往来		
在途款			其他应付款		
预拨经费			应付代管资金		
借出款项			一年内到期的非流动负债		
应收股利			流动负债合计		
应收利息			非流动负债：		
与下级往来			应付长期政府债券		
其他应收款			借入款项		
流动资产合计			应付地方政府债券转贷款		
非流动资产：			应付主权外债转贷款		
应收地方政府债券转贷款			其他负债		
应收主权外债转贷款			非流动负债合计		
股权投资			负债合计		
待发国债			一般公共预算结转结余		
非流动资产合计			政府性基金预算结转结余		
			国有资本经营预算结转结余		

续表

资　产	年初余额	期末余额	负债和净资产	年初余额	期末余额
			财政专户管理资金结余		
			专用基金结余		
			预算稳定调节基金		
			预算周转金		
			资产基金		
			减：待偿债净资产		
			净资产合计		
资产总计			负债和净资产总计		

表 B-3　　　　　　　收入支出表

编制单位：____年____月　　　　　　　　　　　　　　　　　　　　单位：元

项目	一般公共预算		政府性基金预算		国有资本经营预算		财政专户管理资金		专用基金	
	本月数	本年累计数	本月数	本年累计数	本月数	本年累计数	本月数	本年累计数	本月数	本年累计数
年初结转结余										
收入合计										
本级收入										
其中：来自预算安排的收入	—	—	—	—	—	—	—	—	—	—
补助收入						—	—	—	—	—
上解收入						—	—	—	—	—
地区间援助收入								—	—	—
债务收入						—	—	—	—	—
债务转贷收入						—	—	—	—	—
动用预算稳定调节基金		—			—	—	—	—	—	—

续表

项目	一般公共预算		政府性基金预算		国有资本经营预算		财政专户管理资金		专用基金	
	本月数	本年累计数	本月数	本年累计数	本月数	本年累计数	本月数	本年累计数	本月数	本年累计数
调入资金					—	—	—	—	—	—
支出合计										
本级支出										
其中：权责发生制列支							—	—	—	—
预算安排专用基金的支出										
补助支出										
上解支出										
地区间援助支出			—	—						
债务还本支出										
债务转贷支出										
安排预算稳定调节基金			—	—						
调出资金										
结余转出			—	—						
其中：增设预算周转金			—	—						
年末结转结余										

注：表中有"-"的部分不必填列。

表 B-4　　一般公共预算执行情况表

编制单位：____　　　　年____月____旬　　　　单位：元

项　目	本月（旬）数	本年（月）累计数
一般公共预算本级收入		
101　税收收入		
10101　增值税		

续表

项 目	本月（旬）数	本年（月）累计数
1010101 国内增值税		
……		
一般公共预算本级支出		
201　一般公共服务支出		
20101 人大事务		
2010101 行政运行		
……		

表 B-5　　　　政府性基金预算执行情况表

编制单位：　　　　　　　___年___月___旬　　　　　　　单位：元

项 目	本月（旬）数	本年（月）累计数
政府性基金预算本级收入		
10301 政府性基金收入		
1030102 农网还贷资金收入		
103010201 中央农网还贷资金收入		
……		
政府性基金预算本级支出		
206　科学技术支出		
20610 核电站乏燃料处理处置基金支出		
2061001 乏燃料运输		
……		

表 B-6　　　　　国有资本经营预算执行情况表

会财政 03-3 表

编制单位：＿＿＿年　　　＿＿＿月＿＿＿旬　　　　　　　单位：元

项　目	本月（旬）数	本年（月）累计数
国有资本经营预算本级收入		
10306 国有资本经营收入		
1030601 利润收入		
103060103　烟草企业利润收入		
……		
国有资本经营预算本级支出		
208　社会保障和就业支出		
20804　补充全国社会保障基金		
2080451　国有资本经营预算补充社保基金支出		
……		

表 B-7　　　　　财政专户管理资金收支情况表

编制单位：　　　　　　＿＿＿年＿＿＿月　　　　　　　单位：元

项　目	本月数	本年累计数
财政专户管理资金收入		
财政专户管理资金支出		

附录 B 相关表格

表 B-8　　　　专用基金收支情况表

编制单位：　　　　　　　　___年___月　　　　　　　　单位：元

项　目	本月数	本年累计数
专用基金收入		
粮食风险基金		
……		
专用基金支出		
粮食风险基金		
……		

表 B-9　　　　OECD 成员国

Australia 澳大利亚	Greece 希腊	New Zealand 新西兰
Austria 奥地利	Hungary 匈牙利	Norway 挪威
Belgium 比利时	Iceland 冰岛	Poland 波兰
Canada 加拿大	Ireland 爱尔兰	Portugal 葡萄牙
Chile 智利	Israël 以色列	Slovak Republic 斯洛伐克共和国
Czech Republic 捷克共和国	Italy 意大利	Slovenia 斯洛文尼亚
Denmark 丹麦	Japan 日本	Spain 西班牙
Estonia 爱沙尼亚	Korea 韩国	Sweden 瑞典
Finland 芬兰	Luxembourg 卢森堡	Switzerland 瑞士
France 法国	Mexico 墨西哥	Turkey 土耳其
Germany 德国	Netherlands 荷兰	United Kingdom 英国
United States 美国		

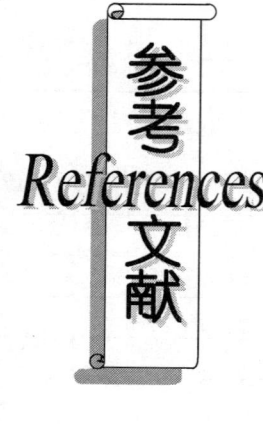

参考文献 References

[1] 安立伟. 中国地方政府性债务科学化管理研究 [D]. 财政部财政科学研究所, 2013.

[2] 白海娜, 马骏. 财政风险管理: 新理念与国际经验 [M]. 梅鸿, 译/校. 北京: 中国财政经济出版社, 2003.

[3] 贝洪俊. 新公共管理与政府会计改革 [M]. 杭州: 浙江大学出版社, 2004.

[4] 毕记满, 杨成文. 隐性债务下的政府会计改革探析 [J]. 审计与经济研究, 2007 (5): 39–43.

[5] 布坎南. 公共财政 [M]. 北京: 中国财政经济出版社, 1991.

[6] 财政部国库司. 政府会计的国际趋势与经验 [M]. 北京: 中国财政经济出版社, 2009.

[7] 财政部会计司. 政府会计研究报告 [M]. 大连: 东北财经大学出版社, 2005.

[8] 财政部会计准则委员会. 政府绩效评价与政府会计 [M]. 大连：大连出版社，2005.

[9] 常丽. 论我国政府财务报告的改进 [M]. 大连：东北财经大学出版社，2007.

[10] 常丽，何东平. 政府与非营利组织会计 [M]. 大连：东北财经大学出版社，2015.

[11] 陈静. 论我国政府负债会计改革的战略蓝图：基于公共受托责任 [J]. 经济体制改革，2013（5）：137-139.

[12] 陈均平. 中国地方政府债务的确认、计量和报告 [M]. 北京：中国财政经济出版社，2010.

[13] 陈立齐. 美国政府会计准则研究 [M]. 陈穗红，石英华，译. 北京：中国财政经济出版社，2009.

[14] 陈立齐，李建发. 国际政府会计准则及其发展评述 [J]. 会计研究，2003（9）：49-52.

[15] 陈璐璐. 英国政府会计管理与改革情况及对我国的启示 [J]. 会计研究，2007（10）：27-29.

[16] 陈新平. PPP 国际会计制度的演变趋势及启示 [J]. 中国总会计师，2017（7）：27-30.

[17] 陈璇. 经济新常态催生会计变革 [J]. 中国管理信息化，2016（10）：25-26.

[18] 陈志斌. 公共受托责任：政治效应、经济效率与有效的政府会计 [J]. 会计研究，2003（9）：49-52.

[19] 陈志斌. 基于衍生职能界定的政府会计角色定位研究 [J]. 会计研究，2014（1）：28-30.

[20] 陈志斌. 基于衍生职能界定的政府会计角色定位研究 [J]. 会计研究，2014（1）：28-34.

[21] 成小云. 寻求政府会计改革的稳定形式 [J]. 会计研

究，2012（3）：24-26.

[22] 崔学刚，叶康涛，荆新. 权责发生制、政府会计改革与国家治理——第六届"政府会计改革理论与实务研讨会"综述 [J]. 会计研究，2015（7）：92-95.

[23] 大卫·N. 海曼. 公共财政：现代理论在政策中的应用 [M]. 6版. 章彤，译. 北京：中国财政经济出版社，2001.

[24] 樊丽明，黄春蕾. 中国地方政府债务管理研究 [M]. 北京：经济科学出版社，2006.

[25] 冯淑萍. 中国对于国际会计协调的基本态度与所面临的问题 [J]. 会计研究，2004（1）：54-58.

[26] 傅雁语. 政府债务会计核算制度改革研究 [D]. 重庆工学院，2008.

[27] 高培勇，宋永明. 公共债务管理 [M]. 北京：经济科学出版社，2004.

[28] 葛家澍. 会计的基本概念 [M]. 北京：经济科学出版社，1986.

[29] 龚强，王俊. 财政分权视角下的地方政府债务研究：一个综述 [J]. 经济研究，2011（7）：39-40.

[30] 郭琳. 现行地方财政债务风险的体制根源 [J]. 上海财税，2001（10）：16-18.

[31] 国务院宏观经济研究组. 地方政府融资研究 [J]. 宏观经济研究，2010（6）：11-15.

[32] 郝东洋. 基于财政风险控制导向的政府会计改革研究 [J]. 财会通讯，2011（8）：47-50.

[33] 贺敬平，王森林. 权责发生制在我国政府财务会计中的应用——基于海南政府会计改革试点的案例分析 [J]. 会计研究，2011（6）：67-69.

[34] 黄佩华，迪帕克. 中国：国家发展与地方财政 [M]. 吴素萍，王桂娟，译. 北京：中信出版社，2003.

[35] 黄燕芬，邬拉. 地方债务风险现状、成因及对社会的影响 [J]. 经济研究参考，2011 (23)：63－65.

[36] 贾康. 我国地方政府债务风险和对策 [J]. 经济研究参考，2010 (4)：29－31.

[37] 景宏军，王蕴波. 论我国预算会计的定位 [J]. 财会月刊，2008 (4)：6－8.

[38] 凯恩斯. 就业、利息和货币通论 [M]. 北京：商务印书馆，1981.

[39] 类承耀. 国债的理论分析 [M]. 北京：中国人民大学出版社，2002.

[40] 李朝阳，李秀玉. 债务危机背景下我国政府会计改革的思考 [J]. 行政管理，2012 (4)：53－56.

[41] 李嘉图. 政治经济学及赋税原理 [M]. 北京：商务印书馆，1976.

[42] 李建发. 政府会计论 [M]. 厦门：厦门大学出版社，1999.

[43] 李建发. 论改进我国政府会计与财务报告 [J]. 会计研究，2001 (6)：27－31.

[44] 李建发，肖华. 公共财务管理与政府财务报告改革 [J]. 会计研究，2004 (9)：45－48.

[45] 李萍，许宏才. 地方政府债务管理：国际比较与借鉴 [M]. 北京：中国财政经济出版社，2009.

[46] 李永刚. 中国地方政府债务负担及化解对策 [J]. 上海财经大学学报，2011 (2)：47－49.

[47] 理德，斯韦恩. 公共财政管理 [M]. 2 版. 朱萍，蒋

洪，译．北京：中国财政经济出版社，2001．

[48] 林奇．美国公共预算 [M]．北京：经济管理出版社，2002．

[49] 刘光忠．关于推进我国政府会计改革的若干建议 [J]．会计研究，2010（12）：11-16．

[50] 刘昊，刘志彪．地方债务风险有多高？——基于现实、潜在及引致风险的分析 [J]．上海财经大学学报，2013（6）：47-49．

[51] 刘尚希．财政风险及其防范问题研究 [M]．北京：经济科学出版社，2004．

[52] 刘尚希．中国财政风险制度特征：风险大锅饭 [J]．管理世界，2004（5）：39-44．

[53] 刘尚希，郭鸿勋，郭煜晓．政府或有负债：隐匿性财政风险解析 [J]．中央财经大学学报，2003（5）：7-12．

[54] 刘尚希，赵全厚，孟艳．"十二五"时期我国地方政府性债务压力测试研究 [J]．经济研究参考，2012（8）：3-58．

[55] 刘少波，黄文青．我国地方政府隐性债务状况研究 [J]．财政研究，2008（9）：33-36．

[56] 刘谊，刘星，马千真．地方财政风险监控体系的建立和实证分析 [J]．中央财经大学学报，2004（7）：37-39．

[57] 刘玉廷．中国政府会计改革的若干问题 [J]．预算管理与会计，2004（10）：36-38．

[58] 刘玉廷．中国会计改革八大领域全面推进 [J]．财务与会计，2011（1）：58-60．

[59] 娄洪．扎实推进权责发生制政府综合财务报告制度改革 [J]．预算管理与会计，2015（8）：29-31．

[60] 娄洪，黄国华，张洋．从欧洲债务危机看政府会计改

革［J］．财政研究，2012（4）：67-71．

［61］楼继伟．政府预算与会计的未来——权责发生制改革纵览与探索［M］．北京：中国财政经济出版社，2002．

［62］路军伟，于国旺．政府会计的"双轨制"现象及成因研究［J］．会计研究，2015（12）：31-37．

［63］罗欣．利益相关者、会计信息需求与政府会计改革——基于资本市场与政治市场研究视角［J］．财会通讯，2013（4）：3-6．

［64］马蔡琛，尚妍．公共债务危机中政府会计改革研究［J］．经济纵横，2014（12）：40-42．

［65］马骏，赵早早．公共预算：比较研究［M］．北京：中央编译出版社，2011．

［66］马明明．希腊债务危机及对我国政府会计改进的两点建议［J］．现代商业，2010（11）：204．

［67］马明明．我国养老保险隐性债务问题研究［J］．经营管理者，2011（11）：38-40．

［68］孟甜甜．地方政府融资平台债务会计体系改进探讨［J］．改革与战略，2015（3）：44-45．

［69］欧阳宗书，张娟，米传军．美国、加拿大政府会计改革的有关情况及启示［J］．会计研究，2013（11）：3-7．

［70］潘施琴，卢太平．基于地方政府债务风险控制的政府会计信息监管研究［J］．湖南财政经济学院学报，2013（4）：16-19．

［71］戚艳霞．国际上政府会计准则的对比分析及借鉴意义［J］．会计之友，2011（3）：21-23．

［72］戚艳霞，张娟．我国政府会计准则体系的构建——基于我国政府环境和国际经验借鉴的研究［J］．会计研究，2010

(8): 53 – 57.

［73］石英华. 政府财务信息披露研究［M］. 北京: 中国财政经济出版社，2006.

［74］石英华. 我国政府会计改革取向研究——比较分析的视角［J］. 中央财经大学学报，2007（2）: 86 – 91.

［75］斯密. 国民财富的性质和原因的研究［M］. 北京: 商务印书馆，1983.

［76］宋伟官. 我国政府会计制度变迁问题研究［J］. 财经问题研究，2014（4）: 12 – 13.

［77］孙芳城，杨兴龙，杨亚军. 基于风险管理的地方政府债务会计系统构建［J］. 审计研究，2013（3）: 94 – 101.

［78］唐云锋. 公共选择理论视角下地方债务的成因分析［J］. 财经论丛，2005（1）: 34 – 36.

［79］王晨明. 政府会计环境与政府会计改革模式论［M］. 北京: 经济科学出版社，2006.

［80］王芳. 主权信用评级、政府债务风险和政府会计改革［J］. 财务与会计，2009（11）: 51 – 52.

［81］王芳，万恒. PPP 模式下政府负债会计问题探讨［J］. 财务与会计，2016（15）: 43 – 44.

［82］王惠平，姚志伟，方周文. 政府会计相关问题研究［M］. 北京: 中国财政经济出版社，2012.

［83］王鑫，戚艳霞. 政府债务会计核算基础的反思与探索［J］. 财政研究，2012（10）: 31 – 33.

［84］王鑫，戚艳霞. 我国政府债务会计信息披露与改进建议——基于政府会计改革视角［J］. 财政研究，2015（5）: 107 – 111.

［85］王瑶. 公共债务会计问题研究［M］. 北京: 经济管

理出版社，2009.

［86］王雍君．政府预算会计问题研究［M］．北京：经济科学出版社，2004.

［87］魏加宁．中国地方政府债务风险与金融危机［J］．商务周刊，2004（3）：16－18.

［88］肖鹏．基于防范财政风险视角的中国政府会计改革探讨［J］．会计研究，2010（6）：49－50.

［89］肖鹏．政府会计视角的中国财政透明度提升研究［M］．北京：中国财政经济出版社，2012.

［90］谢国财，刘慎．我国地方政府债务管理问题研究——以福建省为例［J］．中国福建省委党校学报，2013（12）：35－36.

［91］邢俊英．改革政府会计制度防范财政负债风险［J］．会计研究，2004（4）：69－72.

［92］邢俊英．基于政府负债风险控制的中国政府会计改革研究［M］．北京：中国财政经济出版社，2007.

［93］邢俊英．论政府会计在政府负债风险控制中的重要作用［J］．中央财经大学学报，2007（2）：80－84.

［94］徐晶晶．对我国政府债务会计改革的建议［J］．商业会计，2010（8）：72－73.

［95］徐镇绥．试论政府会计改革中会计基础选择问题［J］．会计研究，2006（12）：47－51.

［96］杨成文，毕记满．隐性债务下的政府会计改革探析［J］．经济与审计研究，2007（3）：71－73.

［97］杨发勇，瞿曲．试论公共财政与政府会计的关系［J］．武汉大学学报（哲学社会科学版），2005（1）：23－27.

［98］杨华，肖鹏．日本政府会计制度改革的经验与启示［J］．中国行政管理，2012（4）：57－60.

[99] 杨纪琬，娄尔行. 经济大辞典会计卷 [M]. 上海：上海辞书出版社，1991.

[100] 杨亚军，杨兴龙，孙芳城. 基于风险管理的地方政府债务会计系统构建 [J]. 审计研究，2013 (3)：94-101.

[101] 殷红，路军伟. 政府会计改革动力机制与分析模型：基于制度变迁的理论视角 [J]. 会计研究，2012 (2)：57-64.

[102] 应益华. 利益相关者理论视角下的政府会计改革研究 [J]. 贵州财经学院学报，2011 (6)：63-64.

[103] 应益华. 政治信任、合法性和政府会计改革研究 [J]. 湖南财政经济学院学报，2015 (2)：34-35.

[104] 于海峰，崔迪. 防范与化解地方政府债务风险问题研究 [J]. 财政研究，2010 (6)：53-56.

[105] 于海峰，崔迪. 防范与化解地方政府债务风险问题研究 [J]. 财政研究，2010 (6)：56-59.

[106] 余应敏. 推行应计制（权责发生制）政府会计是防范财政风险的重要举措：由欧债危机谈起 [J]. 财政研究，2014 (2)：35-40.

[107] 张国兴. 关于构建我国政府会计体系的研究 [J]. 会计研究，2008 (3)：13-17.

[108] 张梅. 金融危机下我国政府债务风险与控制研究——冰岛事件引发对政府会计的思考 [J]. 湖南经济学院学报，2010 (2)：14-15.

[109] 张琦. 公共受托责任、政府会计边界与政府财务报告理性定位 [J]. 会计研究，2007 (12)：42-47.

[110] 张琦. 会计信息披露规范化之探讨 [J]. 商场现代化，2015 (12)：213-214.

[111] 张同功. 新常态下我国地方政府债务风险评价与防

范研究 [J]. 宏观经济研究, 2015 (9): 134 – 143.

[112] 张馨. 透视中国公共债务问题现状判断与风险化解 [M]. 北京: 中国财政经济出版社, 2004.

[113] 张雪芬. 政府会计发展与对策 [M]. 北京: 中国时代经济出版社, 2006.

[114] 张轶琼. 我国新时期政府会计基础改革的基本方向研究 [D]. 南京航空航天大学, 2010.

[115] 张渊, 赵洛毅, 蒋敏佳. 我国政府会计改革的几点思考 [J]. 会计研究, 2012 (8): 18 – 19.

[116] 赵建国, 戚啸艳, 韩静. 政府会计改革进程中的困惑和机遇解构 [J]. 会计研究, 2013 (6): 33 – 38.

[117] 赵利明, 吴赢赢, 朱仰军. 地方政府债务的会计核算: 现时问题与改革思路 [J]. 财经论丛, 2012 (9): 52 – 54.

[118] 赵西卜. 对建设我国政府会计准则几个问题的思考 [J]. 财务与会计, 2011 (1): 49 – 52.

[119] 中国地方债务管理研究课题组. 公共财政报告研究——中国地方债务管理研究 [M]. 北京: 中国财政经济出版社, 2011.

[120] ALTY, VANESSA. Public sector accounting: transforming government or bean counting? [J]. Chartered Accountants Journal, 2009, 88 (5): 46 – 48.

[121] BARRO R J. On the determination of the public debt [J]. The Journal of Political Economy, 1979, 85 (5): 940 – 971.

[122] BOSE N, JILL A, KYRIAKOS C, et al.. The optimal public expenditure financing policy: does the level of economic development matter? [J]. Economic Inquiry, 2007, 45 (3): 433 – 452.

[123] BRIFFAULT R. The most popular tool: tax increment fi-

nancing and the political economy of local government [J]. The University of Chicago Law Review, 2010, 9 (77): 65 - 95.

[124] BRIXI H P. Government at risk: contingent liabilities and fiscal risk [M]. New York: Oxford University Press, 2002.

[125] BRIXT H P. Avoiding fiscal crisis [J]. World Economics, 2012, 13 (1): 27 - 52.

[126] BRIXT H P, SCHICK A. Government at risk: contingent liabilities and fiscal risk [M]. New York: Oxford University Press, 2002.

[127] BUCHANAN J M, WAGNER R E. Democracy in deficit: the political legacy of Lord Keynes [J]. Academic Press, 1977, 73 (4): 36 - 45.

[128] CARLIN T M. Debating the impact of accrual accounting and reporting in the public sector [J]. Financial Accountability and Management, 2005, 21 (3): 309 - 333.

[129] CARNEGIE G D, WEST B P. How well does accrual accounting fit the public sector? [J]. Australian Journal of Public Administration, 2003, 62 (2): 83 - 86.

[130] CHAN J L. IPSAS and government accounting reform in developing countries [J]. Accounting Reform in the Public Sector: Mimicry, Fad or Necessity, 2006, 32 (4): 31 - 42.

[131] CHAN J L. A comparison of government accounting and business accounting [J]. Gabler, 2008, 17 (2): 65 - 73.

[132] DEUTSCH K W. The nerves of government: models of political communication and control [M]. New York: The Free Press, 1966.

[133] DONA R. Credit rationing, government credit programs

and co-financing [J]. Journal of Applied Economics, 2007, 10 (2): 361-389.

[134] GENDARONA Y, COOPER D J. The construction of auditing expertise in measuring government performance [J]. Accounting, Organizations and Society, 2007, 32 (5): 12.

[135] HARRY M, HIPLER. Tax increment financing in Florida: a tool for local government revitalization, renewal, and redevelopment [J]. Florida Bar Journal, 2007, 13 (7): 66-71.

[136] HILDRETH W B, MILLER G J. Debt and the local economy: problems in benchmarking local government debt affordability [J]. Public Budgeting & Finance, 2002, 22 (4): 99-113.

[137] HOPWOOD A, MILLER P. Accounting as a social and organizational Practice [M]. Cambridge: Cambridge University Press, 1994.

[138] INGRAM R, BALL R. Economic incentives-choice of state government accounting practices [J]. Journal of Accounting Research, 1984, 22 (1): 16-144.

[139] JAMES G, PETER B D. Regional macroeconomic outcomes under alternative arrangements for the financing of public Infrastructure [J]. Papers in Regional Science, 2008, 87 (1): 3-31.

[140] JONES S, PUGLISI N. Relevance of AAS29 to Australian public sector: a cause for doubt? [J]. Abacus, 2014, 33 (1): 115-132.

[141] KARL F, JACOPO Z. Sustainable government debt in a two-country overlapping generations' model [J]. International Advances in Economic Research, 2010, 16 (1): 124-126.

[142] MARK G, GUZMAN. The impact of paying interest on

reserves in the presence of government deficit financing [J]. Economic Inquiry, 2008, 46 (4): 1 -40.

[143] MARTI C. Accrue budgeting: accounting treatment of key public sector items and implications for fiscal policy [J]. Public Budgeting & Finance, 2006, 16 (2): 4 -65.

[144] MONTESINOS V, VELABARGUES J M. Governmental accounting in Spain: evolution and reforms [J]. Research in Government and Non - profit Accounting, 1996, 23 (9): 219 -238.

[145] NEWBERRY S. The use of accrual accounting in New Zealand's central government: second thoughts [J]. Accounting Economics & Law, 2014, 4 (3): 283 -297.

[146] PATTON M. Economic analysis of participation in municipal finance association certificate of conformance program [J]. Journal of Accounting and Economics, 1983, 5 (83): 151 -175.

[147] PAULSSON G. Accrual accounting in the public sector: experiences from the central government in Sweden [J]. Financial Accountability and Management, 2006, 22 (1): 47 -62.

[148] POLACKOVA BRIXI H. Contingent government liabilities: a hidden risk for fiscal stability [J]. Journal of Public Budgeting, 2001, 13 (4): 582.

[149] POLACKOVA BRIXI H. Government at Risk [M]. Washington: World Bank Press, 2002.

[150] RAYEGAN E, PARVEIZI M. Government accounting: an assessment of theory, purposes and standards [J]. Institute of Interdisciplinary Business Research, 2012, 3 (9): 521 -531.

[151] REINHART C M, ROGOFF K S. This time is different: eight centuries of financial folly [M]. Princeton: Princeton Press,

2009.

[152] REINHART C M, ROGOFF K S. Growth in a time of debt [J]. American Economic Review, 2010, 100 (2): 573 -578.

[153] SIMON H A. Centralization and decentralization in organizing the controller's department: a research study and report [M]. New York: Controllership Foundation Press, 1954.

[154] SUNDER S. Theory of accounting and control [J]. General Information, 1997, 7 (4): 764 -766.

[155] THURMAIER K. Advancing E - Government: financing challenges and opportunities [J]. Public Administration Review, 2008, 65 (7): 537 -548.

[156] WEBBER D J. Government debt and economic growth [J]. The World Economy, 2009, 4 (32): 965 -994.

[157] ZIMMERMAN J L. The municipal accounting maze: an analysis of political incentives [J]. Journal of Accounting Research, 1997, 15 (1): 107 -144.